期货交易者教育系列丛书

镍与不锈钢期货

中国期货业协会　编

中国财经出版传媒集团
中国财政经济出版社
北京

图书在版编目（CIP）数据

镍与不锈钢期货 / 中国期货业协会编. --北京：中国财政经济出版社，2024.1
（期货交易者教育系列丛书）
ISBN 978-7-5223-2488-3

Ⅰ.①镍… Ⅱ.①中… Ⅲ.①镍-期货交易-基本知识②不锈钢-期货交易-基本知识 Ⅳ.①F830.93

中国国家版本馆 CIP 数据核字（2023）第 172582 号

责任编辑：张　莹　　　　责任校对：张　凡
封面设计：王　颖　　　　责任印制：党　辉

镍与不锈钢期货
NIE YU BUXIUGANG QIHUO

中国财政经济出版社 出版
URL：http：//www.cfeph.cn
E-mail：cfeph@cfeph.cn

社址：北京市海淀区阜成路甲 28 号　邮政编码：100142
营销中心电话：010-88191522
天猫网店：中国财政经济出版社旗舰店
网址：https：//zgczjjcbs.tmall.com
中煤（北京）印务有限公司印刷　各地新华书店经销
成品尺寸：170mm×230mm　16 开　13.75 印张　204 000 字
2024 年 1 月第 1 版　2024 年 1 月北京第 1 次印刷
定价：39.00 元
ISBN 978-7-5223-2488-3
（图书出现印装问题，本社负责调换，电话：010-88190548）
本社质量投诉电话：010-88190744
打击盗版举报热线：010-88191661、QQ：2242791300

《期货交易者教育系列丛书》编委会

前　言

我国期货市场经过30多年发展，经历了从无到有、从小到大、从乱到治，走出了一条独具特色的道路，取得了令人瞩目的成就。30多年来，期货市场的规则体系不断完善，品种创新有序推进，风险管理工具进一步丰富，对外开放进程明显加快。期货市场的规模稳步扩大，市场交易者结构逐步优化，资产管理和风险管理等创新业务探索取得初步成效。期货市场整体运行质量和效率不断提高，发现价格、管理风险和配置资源的基础功能得到发挥，在服务实体经济、促进产业升级、助力乡村振兴和维护国家经济金融安全等方面发挥着越来越重要的作用。

随着我国期货市场规模的不断发展壮大，新的市场参与者特别是个人交易者呈持续上升趋势。交易者是期货市场的重要主体，期货市场的发展离不开交易者的积极参与。中小投资者是我国现阶段资本市场的主要参与群体，但处于信息弱势地位，抗风险能力和自我保护能力较弱，合法权益容易受到侵害。维护中小投资者合法权益是证券期货监管工作的重中之重，关系广大人民群众的切身利益，是资本市场持续健康发展的基础。因此，当前我国期货市场正处于快速发展时期，做好期货交易者教育工作意义深远。

2013年，《国务院办公厅关于进一步加强资本市场中小投资者合法权益保护工作的意见》（以下简称《意见》）发布，指出要强化中小投资者教育，加大普及证券期货知识力度。将投资者教育逐步纳入国民教育体系，有条件的地区可以先行试点。充分发挥媒体的舆论引导和宣传教育功能。证券期货经营机构应当承担各项产品和服务的投资者教育义务，保障费用支出和人员配备，将投资者教育纳入各业务环节。提高投资者风险防范意识。自律组织应当强化投资者教育功能，健全会员投资者教育服务自律规则。中小投资者应当树立理性投资意识，依法行使权利和履行义务，养成良好投资习惯，不听信传言，不盲目跟风，提高风险防范意识和自我保护能力。2019 年 3 月，中国证监会、教育部联合印发了《关于加强证券期货知识普及教育的合作备忘录》（以下简称《合作备忘录》），旨在学校教育中大力普及证券期货知识，推动全社会树立理性投资意识，提升国民投资理财素质，维护社会和谐稳定。2022 年 8 月 1 日，《期货和衍生品法》正式施行，确立期货交易者权益保护制度。

随着《意见》的深入贯彻和落实，我国中小投资者保护工作取得了积极成效，围绕期货交易者教育工作，期货市场的监管部门、自律组织与中介机构都深入进行了大量形式多样、内容丰富、卓有成效的工作。由中国期货业协会组织编写的本套《期货交易者教育系列丛书》，就是协会按照行政监管部门统一部署，贯彻落实期货交易者教育工作的重要措施之一，也是协会积极响应《关于加强证券期货知识普及教育的合作备忘录》要求，推动期货知识进校园、进课堂、纳入国民教育体系的切入点。本丛书是为期货交易者编写的一套普及性读物，以广大普通交易者为服务对象，兼顾了专业机构的需求，采取简单明了的问答体例，在语言上力争做到深入浅出、通俗易懂、可读性强。衷心地希望本丛书的出版能够为期货交易者了解期货市场、树立风险意识、理性参与期货交易提供有益的帮助。

在此，我们对所有在本丛书编写和出版过程中付出辛勤劳动的朋友表示衷心感谢。由于编写时间紧迫，书中错误和疏漏在所难免，恳请读者批评指正。

中国期货业协会

2024 年 1 月

目 录

第一章

镍的基本介绍

一、镍是一种什么样的金属?

镍在人类物质文明发展过程中起着重要作用。由于镍和铁的熔点较接近，镍被古人误认为是很好的铁。在古代，中国、埃及和巴比伦人都曾用含镍量很高的陨铁制作器物，且由于镍不生锈，也被秘鲁土著人看作银。早在公元前 235 年，我国就开始使用镍矿物制造硬币，而白铜即铜镍合金在公元前 200 年就被我国古人发现和使用了。在 1754 年，斯德哥尔摩的 Alex Fredrik Cronstedt 从红砷镍矿中提取出一种新的金属，并将其命名为 Nickel（镍）。

镍是一种银白色金属，质地坚硬，具有较好延展性、耐腐蚀性和磁性，且能高度磨光。镍元素符号是 Ni，元素周期表中原子序数 28，相对原子质量 58.69。熔点为 1455℃，沸点为 2730℃。于常温下，镍的密度为 8.908g/cm^3，在熔点时，液体镍的密度为 7.9g/cm^3。全球镍资源储量十分丰富，在地球中的含量仅次于硅、氧、铁、镁，居第 5 位。镍矿在地壳中的含量为 0.018%，而地核中的含镍最高，主要以天然的镍铁合金的形式存在。1865 年，法国人加尼尔首次在新喀里多尼亚发现硅酸镍矿，并于 1875 年正式对该矿进行开采，代表人类对镍矿石冶炼的开始。

从化学性质来看，首先镍在潮湿的空气中很容易被空气氧化，表面形成致密的氧化膜，氧化膜可以阻止本体金属继续氧化，因此人们见到镍的颜色常发乌。同时，镍非常适合电镀其他金属以形成保护涂层。其次，镍能缓慢地溶于稀盐酸、稀硫酸、稀硝酸，而发烟硝酸和浓硫酸镍会使镍表面钝化而具有抗腐蚀性。同时，镍同铂、钯一样，钝化时能吸入大量的氢，粒度越小，吸收量越大。具有捕获氢能力的金属，在一定的温度和压力条件下可以大量吸收氢气，并反应生成金属氢化物，与此同时放出热量。随后通过加热，它们又会分解，将储存在其中的氢释放出来，这也是镍氢电池的主要工作原理。

二、镍有哪些常见的产品形态?

镍按照生产原料的不同可分为原生镍和再生镍，原生镍的生产原料来自于镍矿，再生镍的生产原料来自于含镍废料。原生镍的主要产品包括电解镍、含镍生铁、水淬镍和镍盐等。

电解镍（Electrolytic Nickel），亦称精炼镍（Refined Nickel），俗称“一级镍”，是指含量较高的金属纯镍，约占原生镍产量规模的 30%。按照物理形态不同，可以将电解镍分为镍板（Nickel Cathodes）、镍豆（Nickel Briquettes）、镍饼/镍花/镍扣（Rounds Nickel）、镍珠/镍球（Nickel Pellets）等，其中镍板、镍豆最为常见。根据中华人民共和国国家标准 GB/T 6516 - 2010 规定，电解镍按化学成分分为 Ni9999、Ni9996、Ni9990、Ni9950、

Ni9920 五个牌号（见表 1 - 1），其含义代表了有关镍含量的最低要求。精炼镍因其纯度高、杂质含量少，用途非常广泛。其中，镍板下游以不锈钢、合金等领域为主，镍豆下游以新能源、电镀等领域为主，电解镍在原生镍供应上有举足轻重的作用。

表 1 - 1　　不同牌号电解镍的化学成分

牌号			Ni9999	Ni9996	Ni9990	Ni9950	Ni9920
化学成分	(Ni + Co) /%，≥		99.99	99.96	99.90	99.50	99.20
	Co/%，≤		0.005	0.02	0.08	0.15	0.50
	杂质含量/%，≤	碳（C）	0.005	0.01	0.01	0.02	0.10
		硅（Si）	0.001	0.002	0.002	—	—
		磷（P）	0.001	0.001	0.001	0.003	0.02
		硫（S）	0.001	0.001	0.001	0.003	0.02
		铁（Fe）	0.002	0.01	0.02	0.20	0.50
		铜（Cu）	0.0015	0.01	0.02	0.04	0.15
		锌（Zn）	0.001	0.0015	0.002	0.005	—
		砷（As）	0.0008	0.0008	0.001	0.002	—
		镉（Cd）	0.0003	0.0003	0.0008	0.002	—
		锡（Sn）	0.0003	0.0003	0.0008	0.0025	—
		锑（Sb）	0.0003	0.0003	0.0008	0.0025	—
		铅（Pb）	0.0003	0.0015	0.0015	0.002	0.005
		铋（Bi）	0.0003	0.0003	0.0008	0.0025	—
		铝（Al）	0.001	—	—	—	—
		锰（Mn）	0.001	—	—	—	—
		镁（Mg）	0.001	0.001	0.002	—	—

注：镍加钴含量由 100% 减去表中所列元素的含量而得。

资料来源：国家标准全文公开系统。

根据国际标准 ASTM B39 - 79 的规定，电解镍中镍含量不低于 99.8%，钴含量不得高于 0.15%（见表 1 - 2）。

表 1-2　　国际标准 ASTM B39-79

元素	标准	成分重量（%）
镍（Nickel）	≤	99.80
钴（Cobalt）	≥	0.15
铜（Copper	≥	0.02
碳（Carbon	≥	0.03
铁（Iron	≥	0.02
硫黄（Sulfur	≥	0.01
磷（Phosphorus）	<	0.005
锰（Manganese）	<	0.005
硅（Silicon）	<	0.005
砷（Arsenic）	<	0.005
铅（Lead）	<	0.005
锑（Antimony）	<	0.005
铋（Bismuth）	<	0.005
锡（Tin）	<	0.005
锌（Zinc）	<	0.005

资料来源：美国材料试验学会。

含镍生铁（简称镍铁或 NPI），其镍含量约为 1.5%～15%，是镍和铁的合金。含镍生铁主要将红土镍矿进行火法冶炼烧结而成，按照镍含量的不同可分为高镍生铁、中镍生铁和低镍生铁。其冶炼主要是用矿热炉和高炉冶炼，一般矿热炉出高品位镍生铁，高炉出中低品位镍生铁。镍铁是不锈钢重要的镍原料来源。按照镍含量不同分为 12 个牌号，每个牌号根据其杂质含量分为两个等级，具体规定见国家标准 GB/T 28296-2012 所示（见表 1-3）。

水淬镍（Ferronickel，FeNi），又称为镍铁，是含镍量为 15%～60% 的镍铁合金，镍铁的熔点为 1430℃～1480℃，密度为 8.1g/cm^3～8.4g/cm^3。水淬镍的主成分为镍与铁，并含有少量钴的铁合金。矿物断口锯齿状，不常见，以块、粒状集合体产出，呈铁灰、深灰或黑色、条痕铁灰色，不透明，新鲜面呈金属光泽。镍铁中还含有碳、硅、硫、磷、铬、铜等杂质。液态和固态时，镍与铁以任何比例互相溶解。具体规定见国家标准 GB/T 25049-2010（见表 1-4）。

表 1－3　　　　国家标准 GB/T 28296－2012

牌号	化学成分（质量分数）/%								
	镍（Ni）	硅（Si）		碳（C）		磷（P）		硫（S）	
		Ⅰ	Ⅱ	Ⅰ	Ⅱ	Ⅰ	Ⅱ	Ⅰ	Ⅱ
		不大于							
FeNi4.5	4.0～<5.0	2.5	4.5	3	5	0.03	0.08	0.25	0.35
FeNi5.5	5.0～<6.0								
FeNi6.5	6.0～<7.0								
FeNi7.5	7.0～<8.0								
FeNi8.5	8.0～<9.0								
FeNi9.5	9.0～<10.0								
FeNi10.5	10.0～<11.0								
FeNi11.5	11.0～<12.0								
FeNi12.5	12.0～<13.0								
FeNi13.5	13.0～<14.0								
FeNi14.5	14.0～<15.0								
FeNi15	≥15.0								

资料来源：国家标准全文公开系统。

表 1－4　　　　国家标准 GB/T 25049－2010

牌号	化学成分（质量分数）/%											
	镍（Ni）	碳（C）	硅（Si）	磷（P）	硫（S）	铜（Cu）	总铬（Cr）	砷（As）	锡（Sn）	铅（Pb）	锑（Sb）	铋（Bi）
		不大于										
FeNi20LC	15.0～25.0	≤0.030	0.20	0.030	0.030	0.20	0.10	0.01	0.01	0.01	0.01	0.01
FeNi30LC	25.0～35.0											
FeNi40LC	35.0～45.0											
FeNi50LC	45.0～65.0											
FeNi70LC	60.0～80.0											

续表

牌号	化学成分（质量分数）/%										
	镍 (Ni)	碳 (C)	硅 (Si)	磷 (P)	硫 (S)	铜 (Cu)	总铬 (Cr)	砷 (As)	锡 (Sn)	铅 (Pb)	锑 (Sb)	铋 (Bi)
		不大于										
FeNi20LC LP	15.0～25.0	≤0.030	0.20	0.020	0.030	0.20	0.10	0.01	0.01	0.01	0.01	0.01
FeNi30LC LP	25.0～35.0											
FeNi40LC LP	35.0～45.0											
FeNi50LC LP	45.0～65.0											
FeNi70LC LP	60.0～80.0											
FeNi20MC	15.0～25.0	0.030～1.0	1.0	0.030	0.10	0.20	0.50	0.01	0.01	0.01	0.01	0.01
FeNi30MC	25.0～35.0											
FeNi40MC	35.0～45.0											
FeNi50MC	45.0～65.0											
FeNi70MC	60.0～80.0											
FeNi20MC LP	15.0～25.0	0.030～1.0	1.0	0.020	0.10	0.20	0.50	0.01	0.01	0.01	0.01	0.01
FeNi30MC LP	25.0～35.0											
FeNi40MC LP	35.0～45.0											
FeNi50MC LP	45.0～65.0											
FeNi70MC LP	60.0～80.0											
FeNi20HC	15.0～25.0	1.0～2.5	4.0	0.030	0.40	0.20	2.0	0.01	0.01	0.01	0.01	0.01
FeNi30HC	25.0～35.0											
FeNi40HC	35.0～45.0											
FeNi50HC	45.0～65.0											
FeNi70HC	60.0～80.0											

注：1. Co/Ni＝1/20 至 1/40，仅供参考。

2. 牌号中 L 代表低，M 代表中，H 代表高。

资料来源：国家标准全文公开系统。

水淬镍和镍生铁的质量不仅取决于其含镍的高低，即通常所说的品位的高低，还取决于其含有害杂质量的大小。对于水淬镍来说，不论是高炉冶炼还是电炉冶炼，均会产生硫（S）、磷（P）、硅（Si）、碳（C）等杂质，由于用矿的不同有些还会含铜、钛等杂质。镍铁用途主要用于不锈钢冶炼，因此杂质的高低会影响不锈钢的性能和质量水平。一般情况下，杂质越低越好，但如果要得到优质的镍铁，则必须经过精炼。

硫酸镍为主要的镍盐，可以分为两大类：Ⅰ类主要用于镀镍及其他应用，Ⅱ类主要用于蓄电池的生产。其中，硫酸镍的下游消费结构中有90%以上为电池领域。电镀级与电池级硫酸镍的区分主要在于钴元素的含量不同，由于电镀时钴元素为有害物质，所以电镀级硫酸镍往往需要钴元素的含量处于较低水平，通常不超过0.05%，而在电池级硫酸镍中，钴是有益物质。同时，电池级对磁性异物铁（Fe）、锌（Zn）、总铬（Cr）等的含量存在要求，而电镀级则没有。所以电池级和电镀级硫酸镍因为微量元素的不同，一般不能替换使用。

市场交易的硫酸镍产品以行业标准HG/T 2824－2009（见表1－5）为基础标准，交易的形态以翠绿色颗粒状结晶为主。但是，由于2021年硫酸镍需求快速增加，硫酸镍液体也逐渐成为流通的现货。硫酸镍含镍量通常在22%左右，电镀级优等品含镍量约为22.2%，而电池级优等品含镍量约为21.8%。

表1－5　　行业标准HG/T2824－2009

项目	指标			
	Ⅰ类		Ⅱ类	
	优等品	一等品	优等品	一等品
镍（Ni）≥w%	22.2	21.5	21.8	21.5
钴（Co）≤w%	0.05	0.1	0.4	0.4
铜（Cu）≤w%	0.001	0.002	0.0015	0.0015
铁（Fe）≤w%	0.001	0.0026	0.0015	0.003
钠（Na）≤w%	0.07	0.03	0.02	0.03
铅（Pb）≤w%	0.001	0.002	0.001	0.002
锌（Zn）≤w%	0.001	0.002	0.001	0.002
钙（Ca）≤w%	0.01	0.02	0.01	0.02
镁（Mg）≤w%	0.010	0.02	0.01	0.02

续表

项目	指标			
	Ⅰ类		Ⅱ类	
	优等品	一等品	优等品	一等品
锰（Mn）≤w%	0.003	0.005	0.003	0.005
镉（Cd）≤w%	0.0003	0.0005	0.0003	0.0005
汞（Hg）≤w%	0.001	0.001	—	—
总铬（Cr）≤w%	0.001	0.001	—	—
水不溶物 ≤w%	0.01	0.02	0.01	0.02

资料来源：行业标准信息服务平台，公开资料整理。

三、镍的产业链结构是什么样的？

镍的产业链整体结构同其他有色金属一样，大致可以分为上游采矿、中游冶炼加工和下游消费应用。

从上游矿端来看，自然界中的镍主要以红土镍矿和硫化镍矿的形式存在。海底铁锰结核由于开采技术及对海洋污染等原因，目前尚未实际开发。红土矿是由铁和镍的氧化物组成的次生共生矿，其特点是硬度小，含水高，易泥化，因其含铁较多，颜色呈现出氧化铁的红色。红土镍矿通常分三个层次成矿：红土镍矿层（Ni 0.1% ~1.1%，Fe 45% ~50%）、镍褐铁矿层（Ni 1.4% ~1.9%，Fe 20% ~30%）、腐泥土镍矿（Ni 2.0% ~2.6%，Fe 15%）。硫化镍矿的主要矿物包括镍黄铁矿（Fe，Ni）9S8、镍磁黄铁矿（Fe，Ni）7S8、针硫镍矿 NiS 等。在硫化矿中都伴生有黄铜矿和少量钴的硫化物及铂族金属。按镍含量不同，原生镍矿可分为三个等级：特富矿（Ni≥3%）、富矿（1%≤Ni≤3%）、贫矿（0.3%≤Ni≤1%）。根据美国地质调查局 2022 年资料显示，2021 年全球探明镍基础储量超过 9500 万吨，较2020年增加100万吨，同比增加1.1%，探明储量的60.0%为红土镍矿，接近40.0%为硫化镍矿。

镍中游产品可以通过火法或者湿法冶炼镍矿得到。从前端冶炼来看，红土镍矿湿法冶炼可以得到氢氧化镍（MHP），而硫化镍矿可以分别通过火法和湿法工艺冶炼制得镍钴硫化物（MSP）和高冰镍（高镍锍），即硫化镍和硫化铜的合金。镍锍、氢氧化镍和镍钴硫化物合称为“镍中间品”。同时，红土镍矿亦可以通过火法冶炼制备镍铁、镍生铁和低冰镍（低镍锍）。自2021年以来，青山实业将含镍生铁转产高冰镍的工艺打通，实现了由红土镍矿制备高冰镍的工艺流程。

原生镍的下游应用主要可以分为不锈钢、镍合金、电池、电镀和其他行业等，占比分别约为69%、12%、12%、4%、3%。由于下游不锈钢消费以镍铁和含镍生铁为主，不锈钢、镍合金、电池、电镀和其他行业对精炼镍的消费占比分别为13%、34%、32%、14%、7%。从下游应用来看，镍具有较好的耐腐蚀、耐高温、防锈等性能，因此被广泛应用到不锈钢和合金钢等钢铁领域。(1) 在不锈钢应用中镍的消耗量最大，含镍的不锈钢既能抵抗大气、蒸汽和水的腐蚀，又能耐酸、碱、盐的腐蚀。(2) 镍的参与能够提高合金钢的强度，保持其良好的塑性和韧性。含镍合金钢主要应用于高温与低温合金的制造，例如制造化工生产中使用的耐酸塔、液化天然气储罐、军舰等机械制造、航空发动机等。(3) 镍亦用于电镀，在钢材及其他金属材料的基体上覆盖一层耐用、耐腐蚀的表面层，其防腐性比镀锌层高。电镀镍的加工量仅次于电镀锌居第二位。(4) 镍可以用作电池正极材料的生产。三元前驱体是生产三元电池正极的重要材料，而硫酸镍为三元前驱体中的必备材料之一。(5) 从其他需求来看，镍复合材料可用于石油化工的氢化和合成甲烷时的催化剂，其优点是不易被H_2S、SO_2所毒化。镍的化合物可制作颜料和染料。镍还能制成镍铁素体和镍锌铁素等新型陶瓷，做变压器的铁心和无线电的天线等。极细的镍粉，在化学工业上常用作催化剂。镍具有磁性，能被磁铁吸引。而用铝、钴与镍制成的合金，可以用来制造电磁起重机等（见图1-1）。

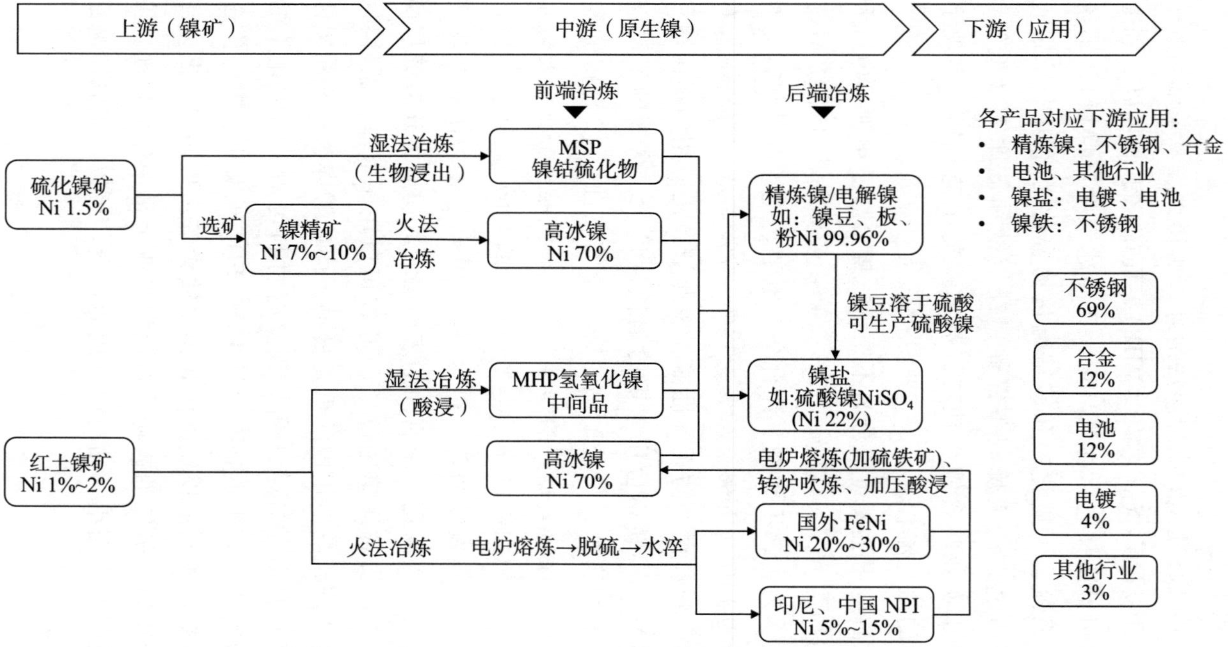

图 1－1　镍的产业链结构

资料来源：国泰君安期货。

自测题

1.（　　）在空气中很容易被空气氧化，表面形成有些发乌的氧化膜，因此人们见到镍的颜色常发乌。

A. 铝　　　　B. 铜

C. 镍　　　　D. 钢

2. 镍同铂、钯一样，钝化时能吸入（　　）的氢，粒度越小，吸收量越（　　）。

A. 少量；小　　　　B. 少量；大

C. 大量；小　　　　D. 大量；大

3. 以下属于一级镍的是（　　）。

A. 含镍生铁　　　　B. 硫酸镍

C. 镍豆　　　　D. 镍铁

4. 根据国际标准 ASTM B39－79 的规定，电解镍中镍含量不低于（　　）。

A. 99.2%　　　　B. 99.5%

C. 99.8%　　　　D. 99.9%

5.（　　）的下游应用以新能源、电镀等领域为主。

A. 镍豆　　　　B. 镍铁

C. 镍板　　　　D. 含镍生铁

6. NPI 指的是含镍量低于（　　）的镍铁合金。

A. 10%　　　　B. 15%

C. 20%　　　　D. 25%

7. FeNi 和 NPI 的区分是基于含（　　）量。

A. 镍　　　　B. 铁

C. 碳　　　　D. 磷

8. 硫酸镍产品的含镍量约为（　　）。

A. 12%　　　　B. 22%

C. 32%　　　　D. 42%

9. 硫酸镍产品主要可以分为（　　）和（　　）两大类。

A. 电池级；合金级　　B. 电池级；电镀级

C. 合金级；电镀级　　D. 工业级；电镀级

10. 根据美国地质调查局 2022 年资料显示，全球探明镍基础储量超过（　　）万吨。

A. 95　　B. 950

C. 9500　　D. 95000

11. 自然界中的镍主要以（　　）和（　　）形式存在，其中（　　）的探明储量更高。

A. 红土镍矿；硫化镍矿；红土镍矿

B. 红土镍矿；硫化镍矿；硫化镍矿

C. 红土镍矿；海底铁锰结核；红土镍矿

D. 硫化镍矿；海底铁锰结核；硫化镍矿

12. 镍中间品包括（　　）、（　　）和（　　）。

A. MHP；镍锍；NPI　　B. MHP；MSP；FeNi

C. 镍锍；FeNi；NPI　　D. MHP；MSP；镍锍

13. 高冰镍可以通过（　　）形式的镍矿制备而得。

A. 仅红土镍矿　　B. 仅硫化镍矿

C. 红土镍矿或硫化镍矿　　D. 仅海底铁锰结核

14. 原生镍的下游应用占比最大的是（　　）。

A. 不锈钢　　B. 电池

C. 电镀　　D. 合金

15. 以下含镍量最高的是（　　）。

A. 镍铁　　B. 镍锍

C. 硫酸镍　　D. 电解镍

参考答案

1. C　2. D　3. C　4. C　5. A　6. B　7. A　8. B　9. B

10. C　11. A　12. D　13. C　14. A　15. D

第二章

镍的上游供应概览

一、全球镍矿资源分布在哪?

镍矿主要包括红土镍矿和硫化镍矿等，已探明储量中有60%以上为红土镍矿。两种镍矿在分布地域上有所不同，红土镍矿分布在低纬度的印度尼西亚、菲律宾、巴布亚新几内亚、马达加斯加、古巴、巴西等地，硫化镍矿分布在澳大利亚、加拿大、俄罗斯等高纬度地区。其中，印度尼西亚和澳大利亚的资源量最为丰富，截至2021年，均具有2100万吨镍资源，占全球储量的22%左右。2016—2021年全球镍资源储量见图2－1。

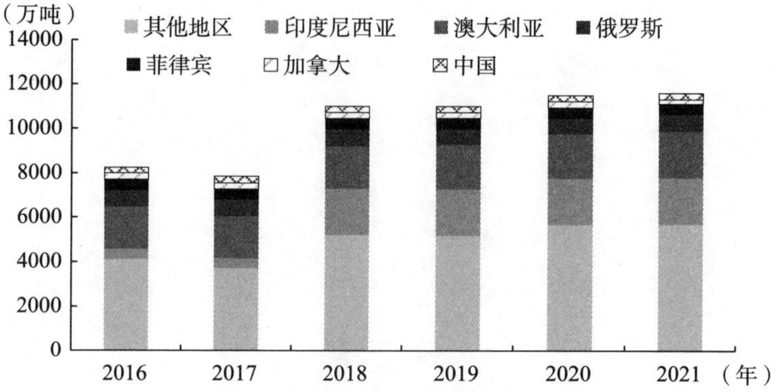

图 2－1 2016—2021 年全球镍资源储量

资料来源：美国地质调查局，国泰君安期货。

从全球镍矿产量来看，硫化镍矿开采历史悠久，近年来红土镍矿逐步成为镍矿供应的主要增量（见图 2－2）。2021 年，以红土镍矿为资源禀赋国家的矿产水平同比增加，而硫化镍矿产量同比减少。2021 年，全球矿产量达到 270 万吨，其中印度尼西亚、菲律宾产量分别约占全球的 37.0%、13.7%，同比分别增加 29.7%、10.8%，为 2021 年镍矿产量的主要增量来源国家。而具有硫化镍矿资源优势的俄罗斯、澳大利亚、加拿大等国的产量同比分别减少 11.7%、5.3%、22.2%。2020 年全球主要镍矿山产量见表 2－1。

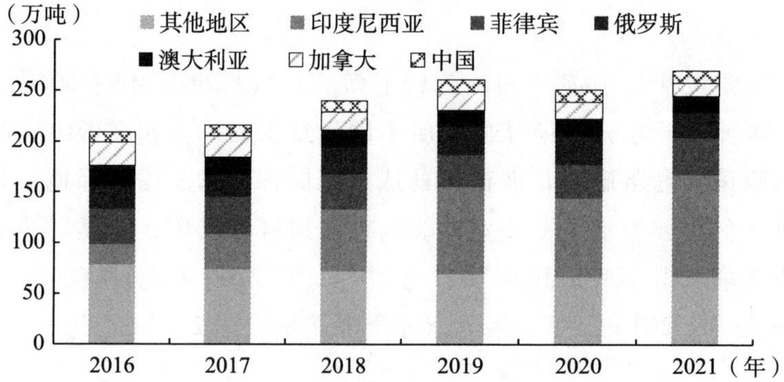

图 2－2 2016—2021 年全球镍矿产量

资料来源：美国地质调查局，国泰君安期货。

表 2-1 **2020 年全球主要镍矿山产量**

序号	矿山	国家/地区	企业	产量（万吨）
1	Kola Division	俄罗斯	诺里尔斯克	17.2
2	Nickel West	澳大利亚	必和必拓	7.5
3	Sorowako	印度尼西亚	淡水河谷	7.2
4	Rio Tuba	菲律宾	亚洲镍业	6.7
5	Integrated Nickel Operations	加拿大	嘉能可	5.7
6	Doniambo - SLN	新喀里多尼亚	埃赫曼	4.8
7	Sudbury	加拿大	淡水河谷	4.3
8	Murrin Murrin	澳大利亚	嘉能可	3.6
9	Cerro Matoso	哥伦比亚	South32	3.6
10	Voisey's Bay	加拿大	淡水河谷	3.6

资料来源：公开资料整理，钢联，国泰君安期货。

从国内镍矿资源分布来看，我国以硫化镍矿资源为主，占全国总量的90.0%，集中分布在西北、西南和东北三个区域。其中，80.9%的镍矿资源集中于甘肃，陕西、新疆、吉林、青海和云南地区，镍矿资源量分别约占总量的5.9%、5.8%、3.0%、1.0%、0.7%。我国红土镍矿资源较为贫乏，仅占全国总量的10%，且国内红土镍矿品位偏低、开采成本比较高，因此我国红土镍矿资源主要依赖于进口。

2020年以前，我国镍矿进口来源国主要是印度尼西亚和菲律宾，两国进口占比基本维持在90%以上。2019年，镍矿进口实物量约为5868.9万吨，其中印度尼西亚和菲律宾合计进口量为5627.0万吨，占比为95.9%。2019年8月30日，印度尼西亚颁布“禁矿法案”要求于2020年初禁止镍矿出口的政策实际落地后，菲律宾就成为我国镍矿的主要进口国，进口占比超过80%。2020年、2021年，我国镍矿进口量分别为3870.7万吨、4352.9万吨，其中菲律宾进口量分别达到3188.7万吨、3904.3万吨，占比分别为82.3%、89.7%（见图2-3）。

从菲律宾资源来看，其镍矿矿区主要分布在北部的三巴里斯（Zambales）和伊莎贝拉（Isabella）矿区（该产区可忽略不计）、中部的巴拉望（Palawan）和苏里高（Surigao）、南部的塔威（Tawi - Tawi）、达沃和东达沃

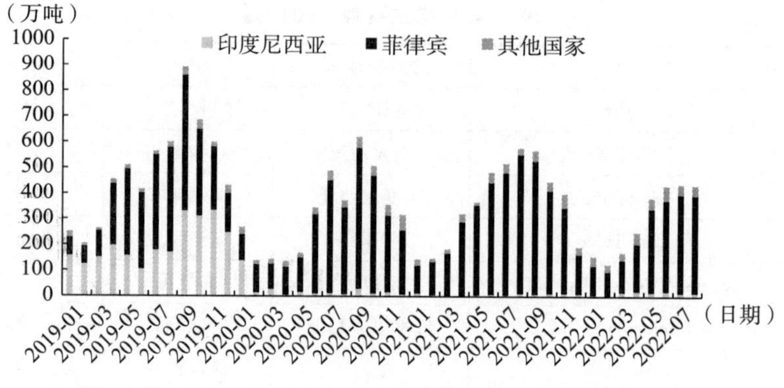

图 2-3 2019 年 1 月—2022 年 7 月中国镍矿进口量（分国家）

资料来源：中国海关，上海有色网，国泰君安期货。

（Davao Oriental）等地区。其中，苏里高（Surigao）矿区出货量最高，约占总出货量的一半以上，产品以低中品位镍矿为主（见图 2-4）。由于每个矿区雨季的时间分布有所不同，菲律宾镍矿出货呈现季节性变化。Tawi-Tawi 产区和 Palawan 产区以及 Davao 产区没有明显的雨季季节。Zambales 产区每年 6 月至 10 月为雨季，而 Surigao 产区每年 11 月至次年 3 月为雨季。

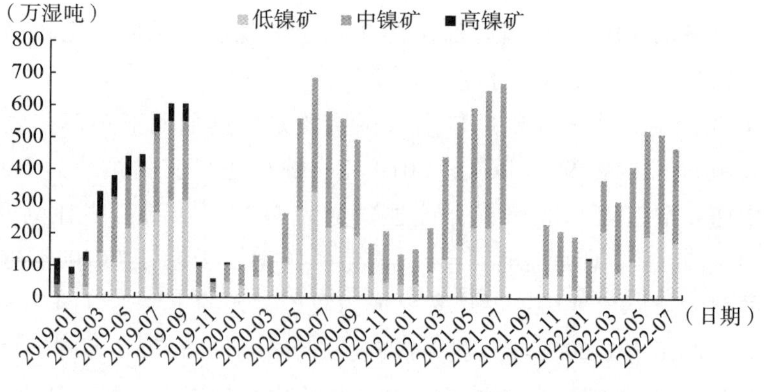

图 2-4 2019 年 1 月—2022 年 7 月菲律宾镍矿出口量

资料来源：上海有色网，国泰君安期货。

二、镍矿如何冶炼?

根据镍矿种类不同，冶炼端一般会采取不同的技术与工艺。通常，红土镍矿采用火法冶炼直接生产水淬镍（FeNi，Ni 含量 >15%）或镍生铁（NPI，Ni 含量 <15%），也会采用湿法工艺形成氢氧化镍，再进一步制备生产硫酸镍或电解镍。硫化镍矿的冶炼工艺以采取火法为主，而目前采用湿法冶炼硫化镍矿的企业较少。

从红土镍矿来看，矿床分层通常在地表以下 0 ~ 40 米的范围内，而有价元素主要分布在褐铁矿层、过渡矿层和腐泥矿层。褐铁矿层具有含镍量低、含钴量和含铁量高的特征，主要采用湿法工艺回收金属。过渡矿层和腐泥矿层两类残积层的特点与褐铁矿层相反，主要通过火法冶炼处理（见表 2 – 2）。

表 2 – 2　红土镍矿矿层的特点和主要加工工艺

矿层	元素含量（%）			特点	主要工艺
	Ni	Co	Fe		
褐铁矿层	0.8 ~ 1.5	0.1 ~ 0.15	40 ~ 50	含铁多，镍少	湿法冶炼
过渡矿层	1.5 ~ 2.0	0.05 ~ 0.15	25 ~ 40	含铁低，镍多	火法冶炼
腐泥矿层	2.0 ~ 3.0	<0.05	10 ~ 25	含铁低，镍多	火法冶炼

资料来源：公开资料整理，《红土镍矿选矿工艺与设备的现状及展望》。

常用的红土镍矿湿法冶炼工艺包括加压酸浸法（HPAL）和还原焙烧—氨浸法（RRAL）等。加压酸浸法是在 245℃ ~ 260℃、4MPa ~ 5MPa 的高温高压环境下，将红土镍矿研磨制得的矿浆与稀硫酸发生化学反应，并将红土镍矿中的镍、钴、铁、铝、硅等矿物浸出。通过改变酸碱值使铁、铝、硅矿物形成沉淀，并让镍和钴矿物进入浸出液中，而后再用还原法将镍和钴矿物沉淀得到氢氧化镍钴（MHP）。在此方法下，镍的回收率高达 90% 左右。与之类似，常压酸浸法是指通过磨细的矿浆、洗涤液和硫酸加热反应，使镍和钴进入溶液，并使用碳酸钙进行中和过滤，最后经过除杂和沉淀使浸出液中的镍和钴析出。与加压酸浸法相比，常压酸浸法不需要高温高压的环境，故工艺简单、设备成本和能耗较低。但是，此方法存在浸出液分离的问题，浸渣中易有残留，镍回收率略低于加压酸浸。

还原焙烧—氨浸法是历史更为悠久的红土镍矿湿法冶炼工艺。

第一步是将碾碎后的红土镍矿、煤粉和石灰混匀后还原焙烧，并对氨浸焙烧后的矿石进行硫化处理浸出液，使钴以硫化物形式析出，再对浸出液蒸氨后得到碱式碳酸镍，最后经过煅烧制得氧化镍。还原焙烧—氨浸法的优点是碳酸铵溶剂易回收和循环利用、常压、腐蚀性较小。但是，该工艺不仅能耗高，而且镍和钴的回收率低于加压酸浸。到目前为止，全球采用该工艺处理红土镍矿的企业较少。整体而言，湿法工艺的镍回收率尚可，且能耗较火法更低，但工艺流程较为复杂，项目前期建设周期和投资成本较大（见图2-5、图2-6）。

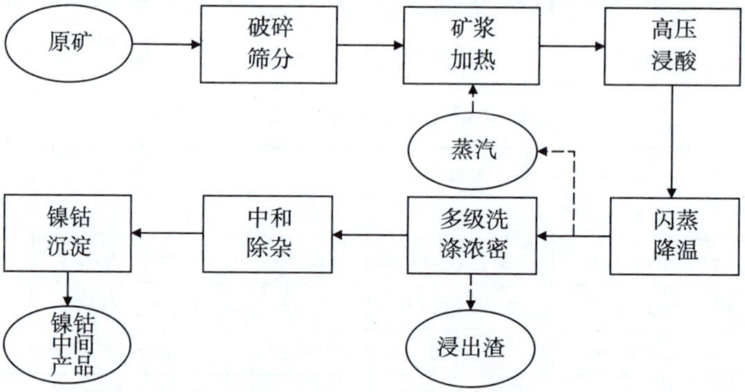

图2-5 红土镍矿加压酸浸生产中间品工艺流程

资料来源：公开资料整理。

红土镍矿的火法冶炼可以通过镍铁工艺和还原硫化的方法制得镍铁和镍锍。从镍铁工艺来看，由于我国镍矿来源的品位偏低，镍铁工艺主要以NPI冶炼为主。NPI冶炼主要包括回转窑—矿热炉冶炼（RKEF）、电炉冶炼（EF）和高炉冶炼（BF）。RKEF工艺流程主要为：矿石配料—干燥窑—

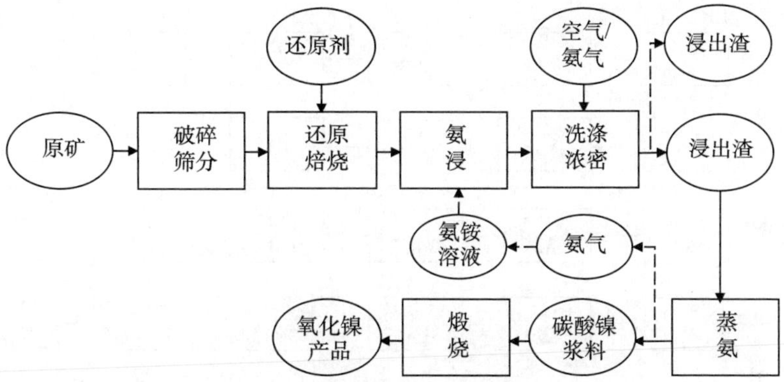

图2-6　红土镍矿还原焙烧—氨浸法生产氧化镍工艺流程

资料来源：公开资料整理。

回转窑焙烧—矿热炉冶炼—产出镍生铁。该方法的工艺较为成熟，且生产效率高。但是，其生产能耗水平较高，且成本对镍矿敏感度较高。矿石镍品位每降低0.1%，生产成本增加3%～4%。EF工艺由于整体生产成本高于RKEF工艺，目前已逐步被淘汰，截至2022年，其NPI产量占比已低于0.5%。BF工艺的流程主要为：红土镍矿—脱水烧结造球—配入焦炭熔剂—高炉冶炼—产出低镍生铁。国内采用BP工艺冶炼低镍生铁的企业主要以200系不锈钢一体化生产为主（见图2-7、图2-8）。

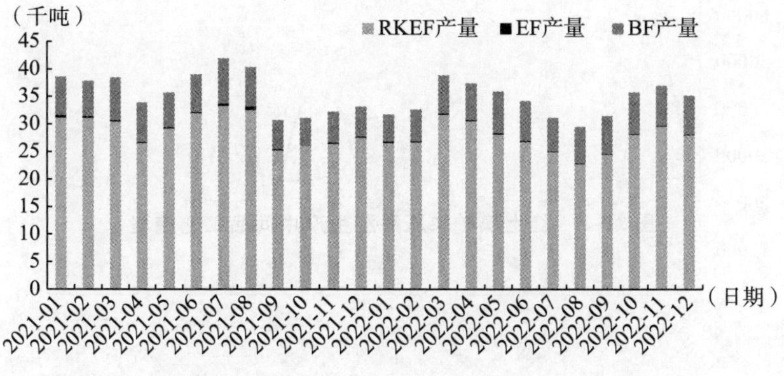

图2-7　2021年1月—2022年12月中国NPI分工艺产量

资料来源：上海有色网。

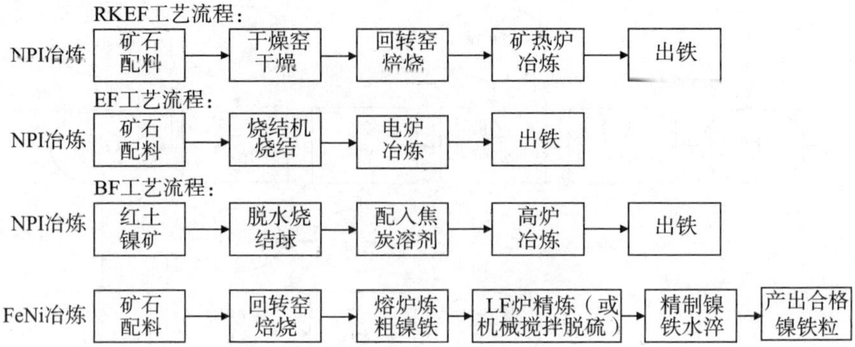

图 2－8 镍铁工艺流程

资料来源：上海有色网。

我国通过 RKEF 工艺生产的 NPI 产量占比达 80% 左右。在印尼禁止镍矿出口之后，青山、德龙等企业在印尼当地将红土镍矿加工生产 NPI 并出口至我国，工艺也以 RKEF 为主。因此，国内市场流通的镍铁主要为 RKEF 生产的高镍生铁。FeNi 的冶炼对镍矿品位的要求较高，其工艺主要由海外企业所采用。它的工艺流程与 NPI 冶炼比较类似，在矿热炉冶炼后增加了精炼环节，产出的 FeNi 含镍量更高。全球 FeNi 产能主要分布在海外地区，如图 2－9 所示。

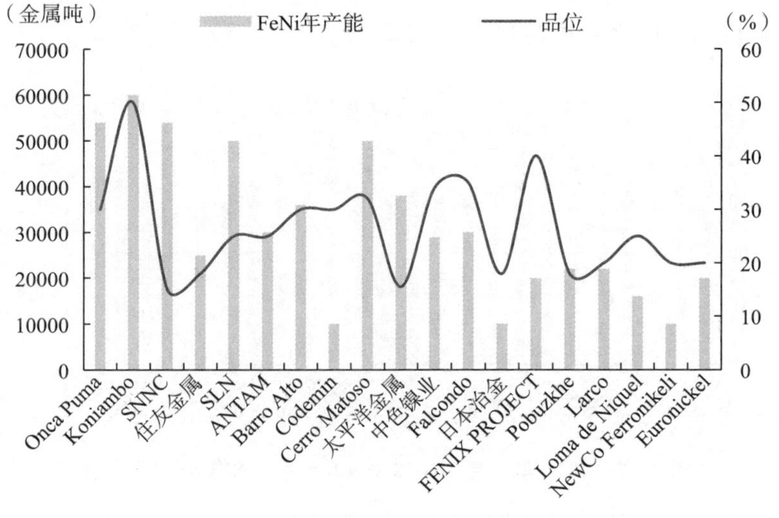

图 2－9 全球 FeNi 产能主要分布

资料来源：上海有色网。

从还原硫化的火法工艺来看，其主要是将红土镍矿加工至低冰镍并转炉吹炼至高冰镍（见图2－10）。尽管其工艺流程较为简单、成本和能耗偏低，但是该工艺的镍回收率显著低于镍铁工艺，且需要处理工艺所产出的有害气体，故目前所采用的企业较少（见表2－3）。

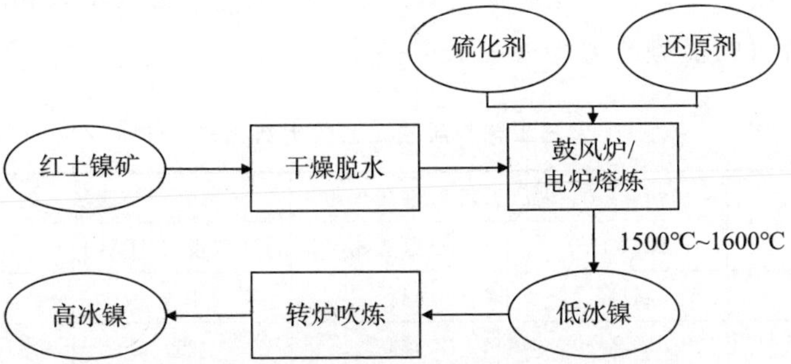

图2－10　红土镍矿还原硫化工艺

资料来源：上海有色网。

表2－3　采用还原硫化法加工红土镍矿至中间品的企业

国家/地区	企业	冶炼厂	镍矿原料	技术路线	产品
印度尼西亚	淡水河谷	Sorowako	红土镍矿	还原硫化	高冰镍
新喀里多尼亚	埃尔曼	SLN	红土镍矿	还原硫化	高冰镍
	淡水河谷	Goro	红土镍矿	HPAL	氧化镍/MHP
土耳其	Zorlu	Meta Nickel	红土镍矿	HPAL	MHP
巴布亚新几内亚	中冶	瑞木镍钴	红土镍矿	HPAL	MHP
澳大利亚	第一量子	Ravensthrope	红土镍矿	HPAL	MHP
菲律宾	住友	Coral Bay	红土镍矿	HPAL	MSP
	住友	Taganito	红土镍矿	HPAL	MSP
马达加斯加	住友	Ambatovy	红土镍矿	HPAL	MSP
澳大利亚	嘉能可	Murrin Murrin	红土镍矿	HPAL	MSP
古巴	Sherrit	Moa	红土镍矿	HPAL	MSP

资料来源：上海有色网。

对比红土镍矿的湿法与火法冶炼，火法工艺目前已较为成熟，不仅工艺流程简易，而且具有较高的镍回收率、更低的初期建设成本和更短的建设周期。湿法工艺在能耗、碳排放等方面优势凸显。同时，在项目运行投产阶段，湿法项目每吨镍的生产成本比火法项目低10% ~20%。从长期投资来看，湿法工艺主要以加压酸浸工艺为主，其产成品主要为更具有成本优势的氢氧化镍，故在下游企业向上游冶炼端布局一体化的进程中更具经济性优势。然而，湿法工艺存在尾矿矿渣处理的环保问题，火法工艺和湿法工艺分别具有其各自的优势与劣势（见表2-4）。

表2-4 火法工艺与湿法工艺优劣势比较

项目	火法工艺		湿法工艺	
	镍铁工艺	还原造锍	加压酸浸（HPAL）	氨浸（Caron）
能耗	较高	高	中等	高
碳排放水平	高	较高	低	低
镍回收率	90% ~95%	70% ~85%	88% ~92%	75% ~80%
钴回收率	0	20%	88% ~90%	40% ~60%
流程复杂程度	简单	较简单	复杂	复杂
最终产品	NPI、FeNi	镍锍	氢氧化镍、镍钴硫化物	镍钴氧化物
建设成本	较低		较高	
生产成本	较高		较低	
尾矿处理	简单		复杂、成本较高	
建设周期	1~1.5年		1.5~2年	

资料来源：上海有色网，公开资料整理。

全球重点企业的硫化镍矿以火法冶炼工艺为主，包括中国金川、中国新鑫、中国吉恩、俄罗斯诺里尔斯克、加拿大淡水河谷、挪威嘉能可、澳大利亚必和必拓等。硫化镍矿以火法冶炼生产高冰镍为主，也是国内重点企业的主要工艺（见表2-5）。首先，硫化镍矿在进行火法冶炼前需要通过选矿工艺进行初步提纯，若硫化镍矿的镍含量高于3%，则可以直接入炉冶炼，而镍含量低于3%的富镍或者贫镍矿石需先经选矿进行富集。焙烧过程需要在1350℃以上进行，所需设备主要包括鼓风炉、反射炉、闪速炉和电炉等，而后再将制得的低冰镍转炉吹炼至高冰镍（见图2-11）。除了硫化镍矿的火法冶炼之外，芬兰 Terrafame 矿业公司也通过生物堆浸法生产镍钴硫化物（MSP）。

表 2－5　　全球中间品的生产以硫化镍矿的火法冶炼为主

国家	企业	冶炼厂	镍矿原料	技术路线	产品
中国	金川	金川	硫化镍矿	火法冶炼	高冰镍
	新鑫	阜康	硫化镍矿	火法冶炼	高冰镍
	吉恩	吉恩	硫化镍矿	火法冶炼	高冰镍
俄罗斯	Norilsk	Kola	硫化镍矿	火法冶炼	高冰镍
加拿大	Vale	Thompson	硫化镍矿	火法冶炼	高冰镍
挪威	Glencore	Nikkelverk	硫化镍矿	火法冶炼	高冰镍
芬兰	Norilsk	Harjavalta	硫化镍矿	火法冶炼	高冰镍
	Boliden	Harjavalta	硫化镍矿	火法冶炼	高冰镍
	Terrafame	Terrafame	硫化镍矿	生物堆浸法	MSP
澳大利亚	BHP	Kalgoorlie	硫化镍矿	火法冶炼	高冰镍
南非	Impala	BMR	硫化镍矿	火法冶炼	高冰镍
津巴布韦	Mwana	Bindura	硫化镍矿	火法冶炼	高冰镍

资料来源：上海有色网。

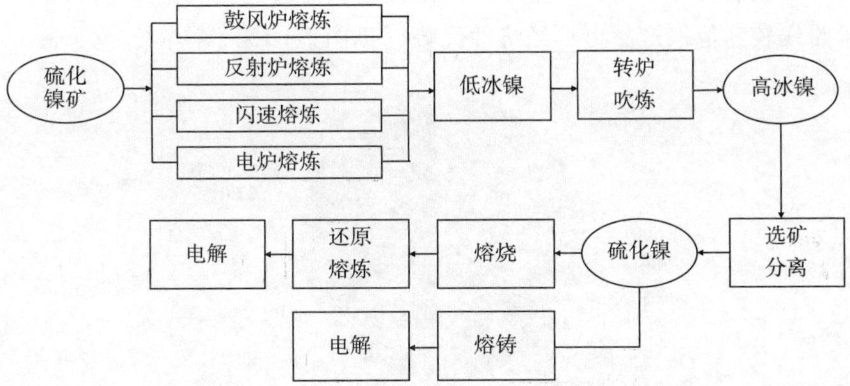

图 2－11　硫化镍矿火法冶炼工艺流程

资料来源：上海有色网，公开资料整理。

三、中国镍铁和中间品新增产能为何"迁徙"至印尼?

镍铁是生产不锈钢的必备材料，镍中间品是制备硫酸镍、精炼镍的重要材料，而镍矿是以上产品的核心原材料。2020 年开始，中国企业纷纷布局印尼镍矿，镍铁的供应由中国向印尼迁移。2021 年，随着新能源汽车行业的崛起，中资印尼中间品项目也逐步迈入规划和建设周期。2021 年和 2022 年先后成为印尼镍铁和中间品投产放量的元年，也成为中国乃至全球原生镍供应的主要增量。这样的产能"迁徙"主要原因在于资源禀赋、政策条件和产业发展等因素。

（一）我国镍矿资源有限，而印尼享有全球最为丰富的镍矿资源

2020 年、2021 年，印尼镍矿产量分别占全球产量的 30.7%、37.0%，位居全球第一（见图 2－12）。我国镍矿产量仅为印尼的八分之一，对镍矿的进口依赖度接近 90%。同时，由于印尼镍矿主要以红土镍矿为主，其湿法冶炼工艺制备氢氧化镍为企业所广泛使用，而通过氢氧化镍生产硫酸镍的技术路线较其他镍产品更具经济性优势（见图 2－13）。

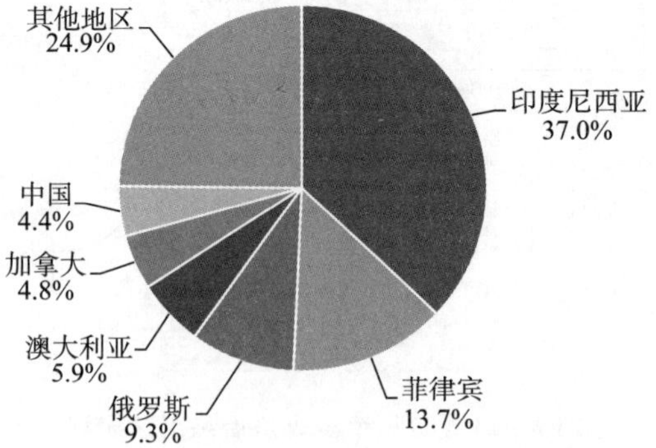

图 2－12　2021 年全球镍矿产量结构

资料来源：同花顺 iFind，国泰君安期货。

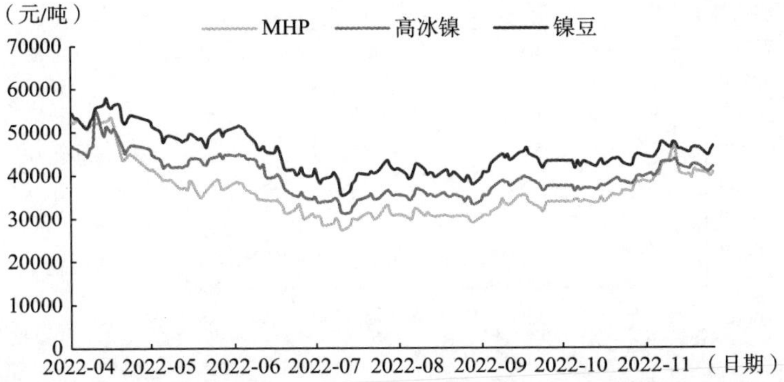

图 2－13　2022 年 4 月—2022 年 11 月不同原料生产硫酸镍成本比较

资料来源：钢联，国泰君安期货。

（二）印尼禁止镍矿出口，中国企业加大对印尼镍矿资源的投入，布局冶炼产能

中国镍元素的供应主要依赖于印尼和菲律宾。但是早在 2014 年，印尼禁矿后，镍铁的投产速度过于缓慢，限制镍矿出口反而增加了印尼镍矿企业的生存压力，2017 年印尼放开低品位镍矿出口。2019 年底，印尼再次关闭镍出口的大门，禁矿在 2020 年阶段性全面落下帷幕，与此同时中国企业加大对印尼镍矿资源的投入，布局冶炼产能。但是，印尼禁矿问题仍未完全结束。欧盟向世界贸易组织（WTO）起诉，称欧盟受到了印尼禁止原材料出口的负面影响，不公平地损害了欧盟不锈钢行业。2022 年，WTO 对镍出口禁令案作出最终决定，印尼败诉，印尼在 2022 年底提出上诉。至此，印尼禁止镍矿出口一事仍未完待续。印尼政府官员曾多次公开表示，禁止镍矿出口主要是为了降低国内经济对原料出口的依赖性，吸引海外企业投资并在当地创造附加值，且通过增加就业岗位来驱动经济的可持续性发展。在印尼政策对产业链的影响下，中国企业逐步在印尼布局冶炼产能，并将镍矿资源加工至镍铁、中间品等产品后进口至国内（见图 2－14、图 2－15、图 2－16）。

（三）下游新能源需求扩张，企业为降低原料成本，扎根印尼发展一体化产能

2019—2020 年，新能源汽车行业迈向高速发展阶段，电池技术实现突破，

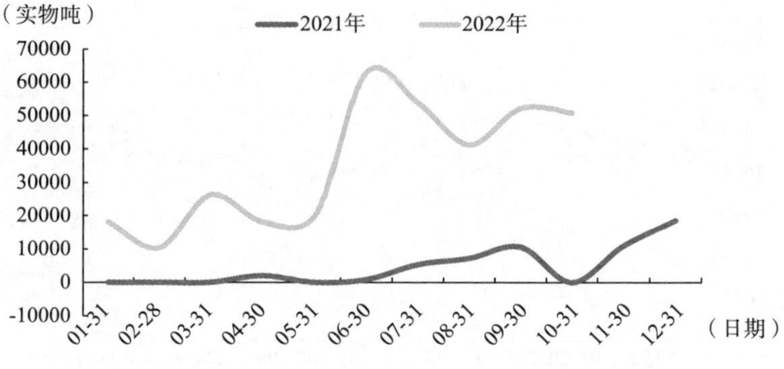

图 2－14　2021—2022 年中国向印尼进口湿法中间品规模

资料来源：上海有色网，中国海关，国泰君安期货。

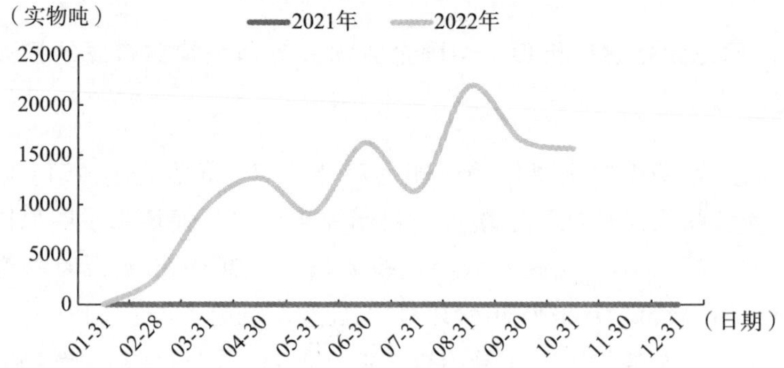

图 2－15　2021—2022 年中国向印尼进口火法中间品的规模

资料来源：上海有色网，中国海关，国泰君安期货。

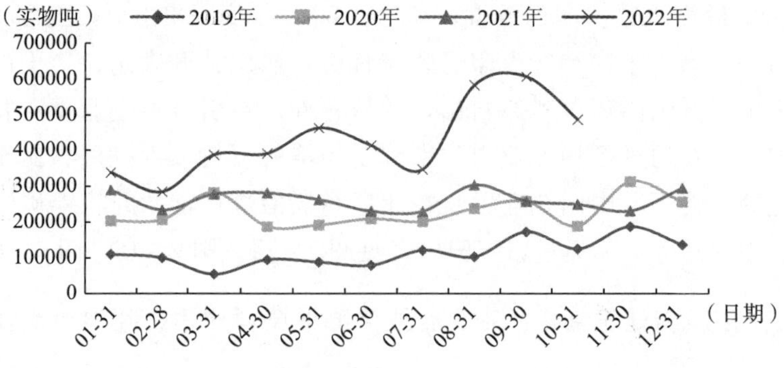

图 2－16　2019—2022 年中国向印尼进口镍铁的规模

资料来源：上海有色网，中国海关，国泰君安期货。

社会接受度显著提高，新能源汽车逐步渗透国内汽车行业。2019 年、2020 年和 2021 年，国内新能源汽车销量同比分别提高 12.8%、14.6% 和 157.8%。截至 2022 年第三季度，中国占全球新能源车的份额已高达三分之二。在终端需求扩张之际，上游电池、正极、前驱体和硫酸镍产能配套跟进。其中，前驱体和硫酸镍企业为了降低国内原料成本上行而产生挤压利润的风险，纷纷发展以印尼资源为锚的一体化生产，即将印尼冶炼的中间品运回至国内，并配套国内中间品加工产能进行硫酸镍和前驱体的生产（见图 2-17、图 2-18、图 2-19）。

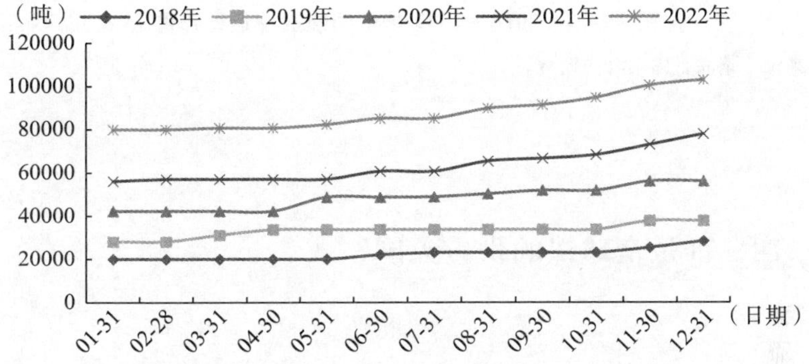

图 2-17　2018—2022 年中国三元材料月度产能

资料来源：上海有色网，国泰君安期货。

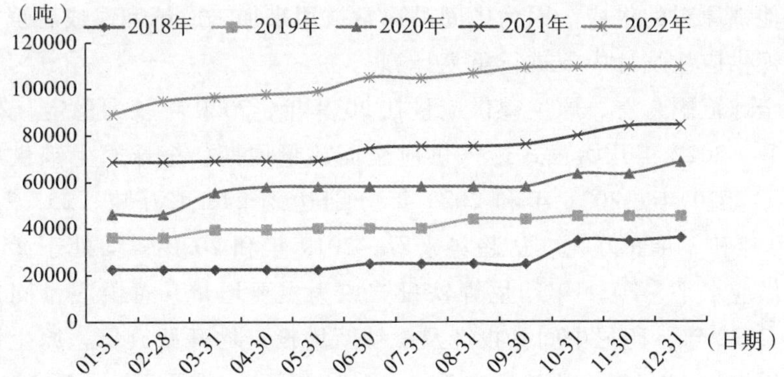

图 2-18　2018—2022 年中国三元前驱体产能

资料来源：上海有色网，国泰君安期货。

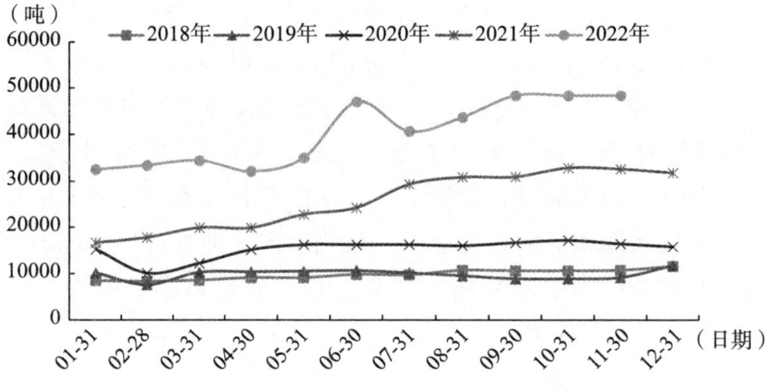

图 2－19　2018—2022 年中国硫酸镍运行产能

资料来源：钢联，国泰君安期货。

四、谁是全球镍的供应大国？

镍供应量可以分为两个口径进行衡量，即原生镍供应和精炼镍供应，其中后者为前者的子集，原生镍供应可以拆分为精炼镍、镍生铁、水淬镍、镍盐和其他镍原料的供应。因为中间品通常被用来加工成精炼镍或者镍盐，故在原生镍供应量统计中不进行重复计算。

从全球范围来看，原生镍供应量在 2019 年、2020 年较为稳定，2021 年同比抬升，2022 年开始正式迈入供应全面放量周期。全球原生镍供应量在 2019 年、2020 年、2021 年和 2022 年分别达到 248.4 万吨、253.7 万吨、271.6 万吨和 314.8 万吨。从趋势来看，2019 年和 2020 年均处于 250 万吨左右的供应水平，2021 年印尼镍铁投产成为主要增量，总供应量同比增加 7.1%。2022 年，印尼中间品投产及镍铁新增投产均开始放量，原生镍总供应量同比增加 15.9%。从长期来看，预计印尼原生镍项目至少到 2025 年都将处于产能扩张周期内，原生镍供应量有望持续攀升。2019 年 3 月—2022 年 12 月全球原生镍供应量见图 2－20。

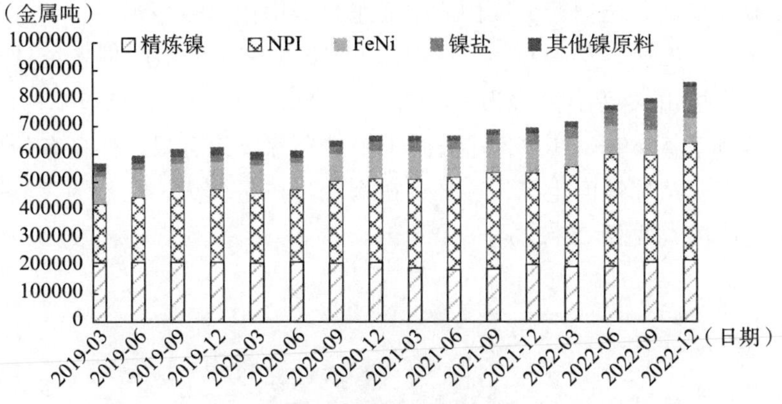

图 2－20　2019 年 3 月—2022 年 12 月全球原生镍供应量

资料来源：上海有色网，国泰君安期货。

从精炼镍来看，全球年产量基本维持在 80 万～85 万吨的水平，整体较为平稳。2019 年、2020 年精炼镍产量分别为 85.3 万吨、84.9 万吨。但是，由于俄罗斯诺里尔斯克镍业两处矿场在 2021 年出现渗水事故并进行停产检修，叠加澳大利亚必和必拓冶炼厂维护、淡水河谷萨德伯里工厂和印尼 PTVI工厂的镍矿原料减少，2021 年精炼镍产量整体下滑 8.7% 至 77.5 万吨。2022 年，俄罗斯诺里尔斯克镍业渗水事故影响有所缓解，但是受到制裁俄罗斯、挪威罢工以及部分企业冶炼厂检修等问题的影响，精炼镍供应整体小幅回升，但仍未完全恢复到 2021 年以前的水平。2022 年精炼镍供应同比增加 7.4% 至 83.2 万吨（见图 2－21）。

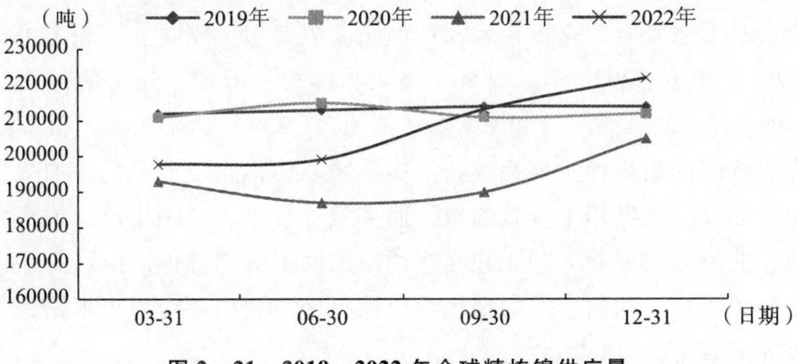

图 2－21　2019—2022 年全球精炼镍供应量

资料来源：上海有色网，国泰君安期货。

分地区来看，全球精炼镍供应主要来自于中国、俄罗斯、加拿大、澳大利亚、挪威、巴西、日本和芬兰等地。以 2019—2022 年产量来统计，上述国家的占比按由大到小依次为 18.1%、15.6%、12.9%、11.9%、10.3%、6.7%、6.5 和 5.6%。其中，尽管我国镍矿资源较为有限，但自有的硫化镍矿主要被用于精炼镍的生产，叠加镍矿资源进口量较大，依然为世界第一大精炼镍生产国（见图 2-22）。

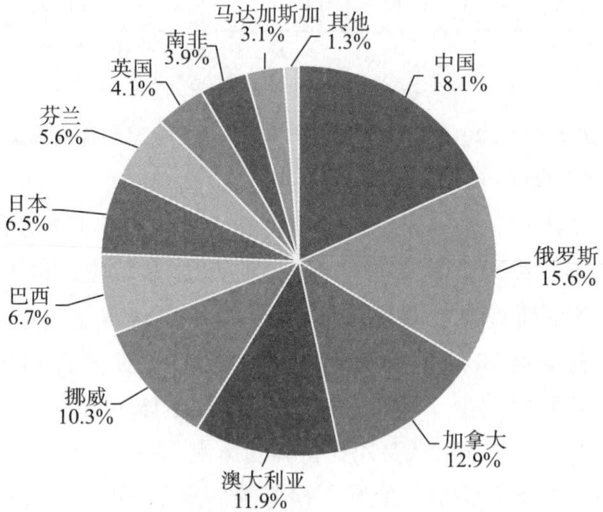

图 2-22　2019—2022 年全球各国精炼镍产量占比

资料来源：上海有色网，公开资料整理，国泰君安期货。

分产品形态来看，全球精炼镍产品主要以镍板、镍豆和镍粉为主，占比接近 90%。2019—2022 年，镍板、镍豆和镍粉、镍珠、镍饼的占比分别达到 62.6%、26.2%、7.1% 和 4.1%（见图 2-23）。通常来看，俄罗斯、芬兰和南非等国的精炼镍主要为镍板，多数被不锈钢企业所采购。加拿大和英国等国家的镍板主要用于合金领域，而挪威、日本、法国生产的镍板大多用于电镀行业。同时，澳大利亚和马达加斯加两国的精炼镍以镍豆为主，用于下游新能源领域。我国生产的精炼镍以镍板为主，广泛应用于不锈钢、合金和电镀等领域。

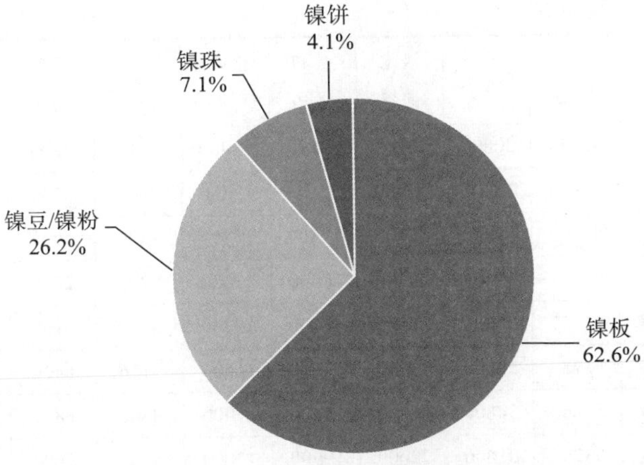

图 2-23 2019—2022 年全球精炼镍供应分形态占比

资料来源：钢联，国泰君安期货。

分企业来看，我国精炼镍的供应以甘肃地区的金川公司为主，而海外精炼企业的供应较为分散。中国企业 2021 年电解镍总产量为 16.3 万吨，约占全球电解镍产量的 21.3%。海外重点精炼镍生产企业包括：诺里尔斯克、嘉能可、淡水河谷、必和必拓、日本住友、谢里特和英美资源等。根据企业公开报告披露，上述企业 2021 年的精炼镍产量分别约为 19.3 万吨、12.5 万吨、8.3 万吨、6.5 万吨、5.5 万吨、3.1 万吨和 2.2 万吨。其中，诺里尔斯克是全球第一大精炼镍生产企业，2021 年精炼镍产量约占全球的 24.9%（见表 2-6）。

表 2-6 海外重点企业精炼镍产量

单位：吨

日期	诺里尔斯克	嘉能可	淡水河谷	必和必拓	住友金属矿山	谢里特	英美资源	韩国资源	英帕拉
2022 年第三季度	59284	26400	25800	17500	12500	8886	5700	5600	3972
2022 年第二季度	48472	30500	19300	11700	12900	7408	6200	3800	3993
2022 年第一季度	51479	31500	22700	13300	12250	7750	4600	3800	4148
2021 年第四季度	63148	32800	21000	18200	13600	8533	5700	4700	4264
2021 年第三季度	50575	32400	13000	14400	13200	5816	6000	4700	3959
2021 年第二季度	32644	28900	21700	17100	13400	8460	5800	4000	3602

续表

日期	诺里尔斯克	嘉能可	淡水河谷	必和必拓	住友金属矿山	谢里特	英美资源	韩国资源	英帕拉
2021 年第一季度	46639	30800	26800	15200	14900	8376	4800	—	3852
2020 年第四季度	67956	33300	24000	20400	12500	8040	3700	—	4033
2020 年第三季度	60165	34800	20100	17300	15200	7500	5000	—	3956
2020 年第二季度	55831	32800	28200	20500	13300	8294	2000	—	3290
2020 年第一季度	51757	31000	23800	16600	14300	8860	3100	3990	3971
2019 年第四季度	61739	34000	27900	11100	15500	9116	6400	3419	4406
2019 年第三季度	57266	34800	26200	17400	17000	9365	6800	3651	3720
2019 年第二季度	53767	31600	22000	19900	12000	8961	5600	3436	3880
2019 年第一季度	55915	32400	28600	17600	14300	9714	4200	3090	4095
2018 年第四季度	61977	34100	30300	16300	14200	9841	6700	4208	4299
2018 年第三季度	53270	32900	21600	19800	14400	9828	5600	3070	3775
2018 年第二季度	49460	33100	33400	18500	13800	8645	5700	3852	4595
2018 年第一季度	54063	30400	31800	19200	15200	6376	5100	2243	3724

资料来源：公司公告，钢联，国泰君安期货。

五、中国镍的产量有多少？

从国内精炼镍供应来看，中国目前主要企业包括：金川集团股份有限公司、新疆新鑫矿业股份有限公司、吉林吉恩镍业股份有限公司、烟台凯实工业有限公司、浙江华友钴业股份有限公司、广西银亿新材料有限公司和天津市茂联科技有限公司等。截至 2021 年底，由于原料资源紧张，叠加利润承压，烟台凯实、华友钴业、广西银亿和天津茂联等企业陆续关停了精炼镍产线，国内 2021 年全年精炼镍实际运行产能为 16.9 万吨。2022 年国内运行产能达到 17.6 万吨，较 2021 年同比增加 4.1%。主要原因在于印尼中间品原料投产并进口回国，华友和凯实等企业陆续恢复了精炼镍产线。从整体来看，我国精炼镍的供应较为垄断，金川集团的产线占据了我国80%以上的精炼镍产能。2022年我国精炼镍企业运行产能见图2－24。

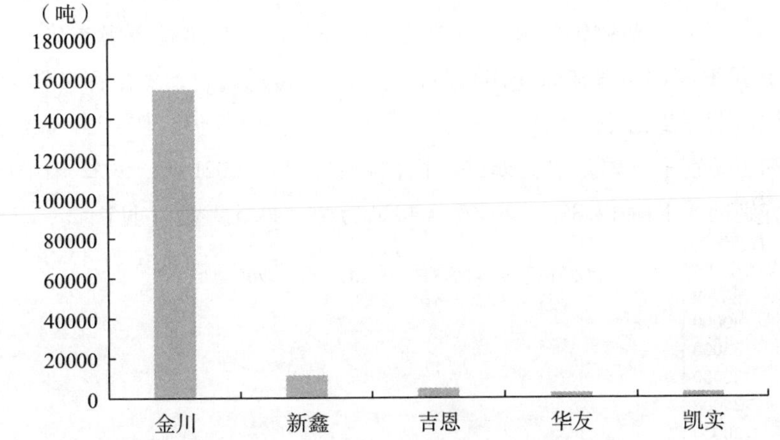

图2－24　2022年中国精炼镍企业运行产能

资料来源：上海有色网，国泰君安期货。

从国内实际产量来看，2022年同比上涨4.9%至17.2万吨。其主要原因不仅在于新增产能投放，下游合金需求的迸发，刺激上游利润释放，进一步导致企业开工率边际提高。我国精炼镍各地区产量见图2－25。

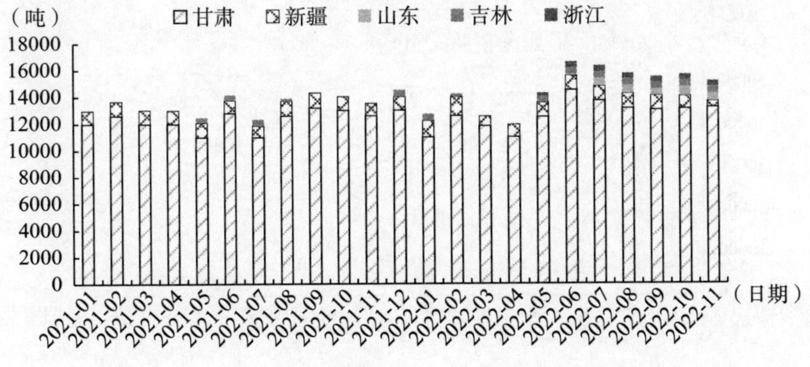

图2－25　2021年1月—2022年12月中国精炼镍产量（分地区）

资料来源：上海有色网，钢联，国泰君安期货。

从其他原生镍来看，我国硫酸镍、镍铁供应呈现边际分化的态势。一方面，在锂离子电池产能扩张周期下，国内前驱体企业纷纷布局印尼冶炼项目及国内硫酸镍配套产能，以满足自身前驱体产量规划。2021 年、2022 年硫酸镍产量分别同比增加 88.9%、38.8% 至 25.5 万吨、35.2 万吨（见图 2－26）。另一方面，下游以不锈钢领域为导向的国内镍生铁产量维持下滑态势。其主要原因在于 2020 年印尼镍矿禁止出口后，印尼镍资源的出口形式由镍矿转为镍铁，全球镍铁产能逐步由中国向印尼迁移，印尼禀赋资源优势，使其成为成本更低的镍铁和不锈钢生产国，中长期挤占国内镍铁产量。2021 年、2022 年中国镍生铁产量分别同比下滑 17.8%、9.3% 至 40.4 万吨、44.5 万吨（见图 2－27）。

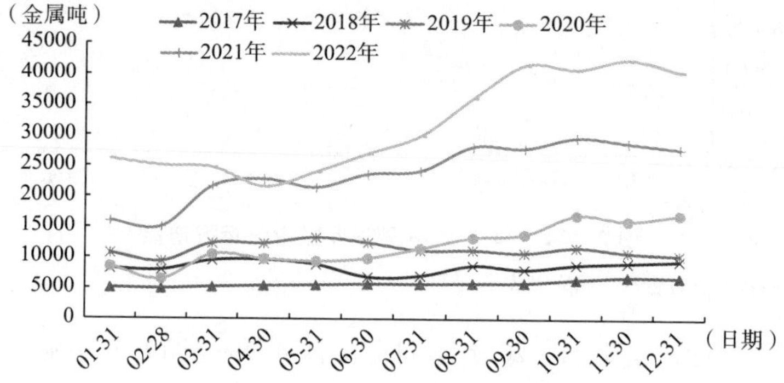

图 2－26 2017—2022 年中国硫酸镍产量

资料来源：上海有色网，国泰君安期货。

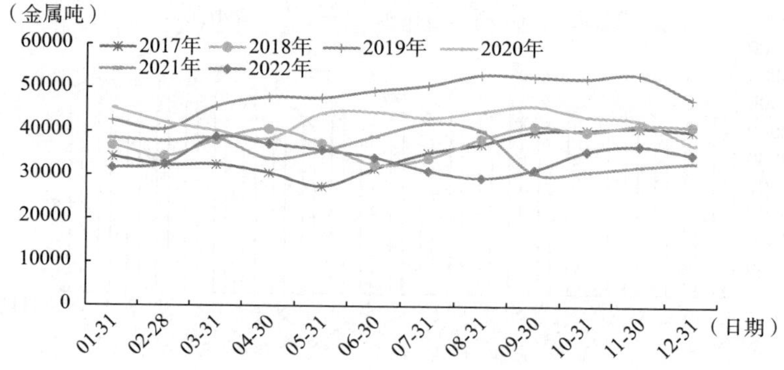

图 2－27 2017—2022 年中国镍生铁产量

资料来源：上海有色网，国泰君安期货。

从供应集中度来看，硫酸镍和镍铁的供应较精炼镍更加分散。其中，硫酸镍产量主要集中于华中、华东和华南等地区（见图2－28），2022年产量占比分别为29.8%、27.2%和19.2%。镍铁产量主要分布在闽粤桂、山东和江苏等地区（见图2－29），2022年产量占比分别达到41.0%、26.5%和15.9%。

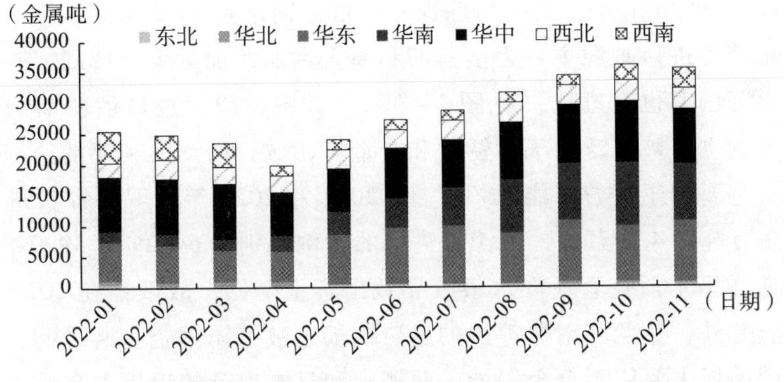

图2－28　中国硫酸镍产量（分地区）

资料来源：钢联，国泰君安期货。

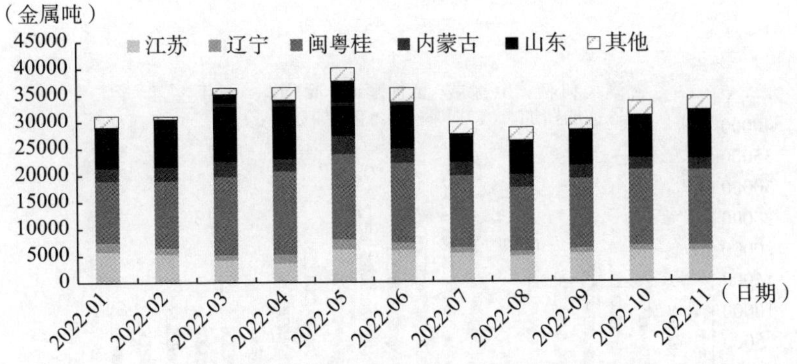

图2－29　中国镍生铁产量（分地区）

资料来源：钢联，国泰君安期货。

六、中国需要多少的镍进口量?

2020 年和 2021 年，我国精炼镍进口量分别达到 13.1 万吨和 26.1 万吨。我国的精炼镍进口来源主要为俄罗斯和澳大利亚，加拿大、挪威、马达加斯加和日本等国家也有进口（见图 2－30）。其中，我国进口俄罗斯的资源主要以镍板为主，被广泛用于不锈钢和合金等领域，而澳大利亚的精炼镍以镍豆为主，主要用于下游新能源领域。2020 年和 2021 年俄罗斯镍板进口量分别为 5.2 万吨和 4.6 万吨，占镍板进口的比例分别为 64.2%、39.0%，2021 年俄罗斯诺里尔斯克企业渗水事故导致出货量降低，故俄镍在 2021 年进口量下滑。此外，芬兰和南非等国的进口镍板也被不锈钢企业所采购，加拿大和英国的镍板主要用于合金领域，而挪威和日本生产的镍板大多用于电镀行业。相比之下，镍豆进口来源更加集中，2021 年和 2022 年澳大利亚镍豆进口量分别为 3.0 万吨、12.8 万吨，占镍豆进口的比例分别高达 88.2%、93.4%。

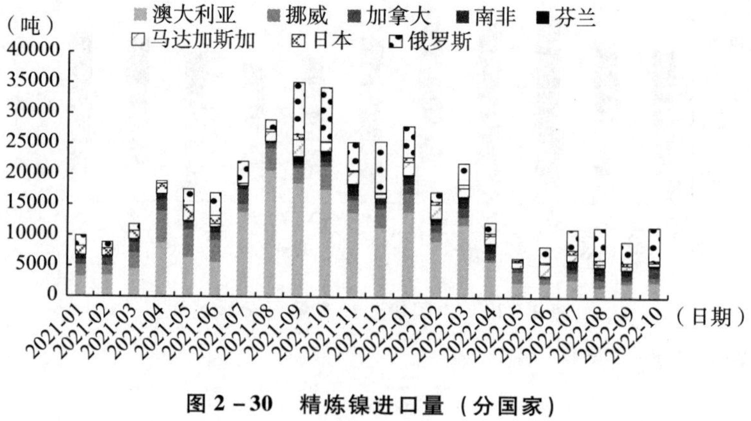

图 2－30　精炼镍进口量（分国家）

资料来源：上海有色网，中国海关，国泰君安期货。

中国精炼镍进口依赖度整体偏高，2020 年、2021 年和 2022 年中国精炼镍的进口依赖度分别为 48.8%、70.0% 和 55.9%。由于 2021 年新能源汽车行业的蓬勃发展，新能源对镍豆的需求呈现爆发式增长，而国内精炼镍生产主要为镍板，故 2021 年进口依赖度显著攀升。2022 年，印尼中间品放量对镍豆形成替代，叠加俄镍出口受到一定的制裁影响，我国精炼镍进口依赖度下降。2017—2022 年我国精炼镍进口量见图 2－31。

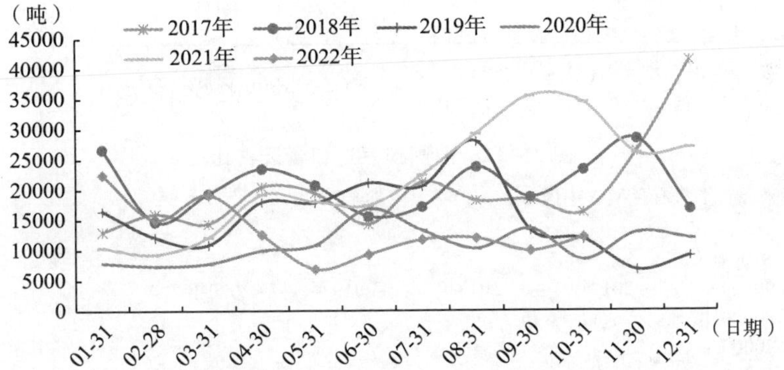

图 2－31　2017—2022 年中国精炼镍进口量

资料来源：上海有色网，中国海关，国泰君安期货。

从我国精炼镍进口结构来看，除 2021 年以外，均主要以镍板进口为主。2020 年、2021 年和 2022 年镍豆进口占比分别为 23.3%、52.4% 和 44.1%（见图 2－32）。新能源汽车行业于 2021 年实现高速增长，叠加可替代镍豆的中间品仍处于建设周期内，故镍豆进口需求大幅度抬升。长期来看，由于镍豆的替代品逐渐增加，预计我国进口或将以镍板为主。

从镍生铁（NPI）和水淬镍（FeNi）进口依赖度来看，NPI 呈现稳中有增的格局，而 FeNi 基本完全依赖于海外进口。2020 年、2021 年和 2022 年，我国 NPI 进口依赖度分别为 41.1%、49.3% 和 63.6%（见图 2－33）。尽管中国同印尼都为全球 NPI 的主要供应国，但我国 NPI 生产资源主要依赖于海外镍矿的进口（见图 2－34）。FeNi 对镍矿品位的要求较高，我国镍矿资源目前主要来源于菲律宾，且当地高品位镍矿较少，因此我国难以布局大量的 FeNi 产线，FeNi 的供应以进口为主。

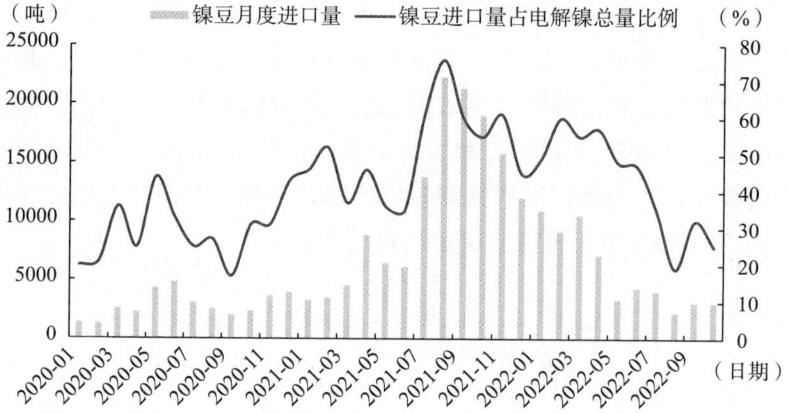

图 2-32　中国镍豆进口量及占比

资料来源：上海有色网，中国海关，国泰君安期货。

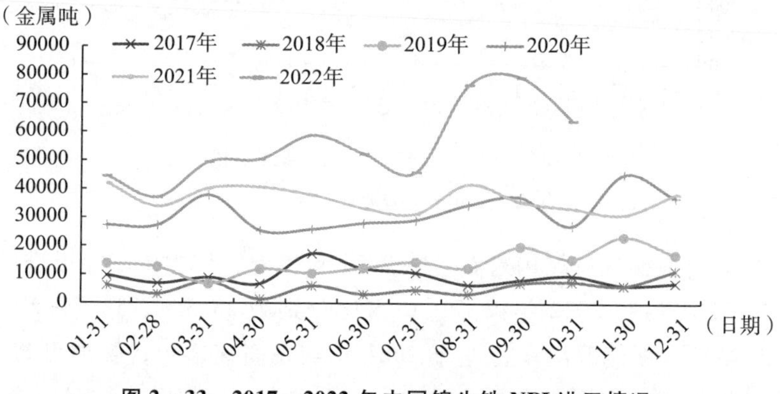

图 2-33　2017—2022 年中国镍生铁 NPI 进口情况

资料来源：钢联，中国海关，国泰君安期货。

在 NPI 和 FeNi 的进口结构上，中国 NPI 进口占比更高，且呈现不断增长的趋势，而 FeNi 进口量相对稳定（见图 2-35）。2020 年、2021 年和 2022 年，我国 NPI 进口量分别约为 FeNi 进口的 2.2 倍、3.2 倍和 5.6 倍，呈现逐年增长的态势。2021 年以来，粗钢产能迈入集中投产的释放期，青山、德龙等不锈钢企业扩大对印尼镍矿资源投入，在印尼提前布局 NPI 冶炼产线。因此，印尼成为我国 NPI 的主要进口来源。从 FeNi 的角度来看，历年进口量表现基本稳定，维持在每年 13.0 万～17.0 万吨的范围。

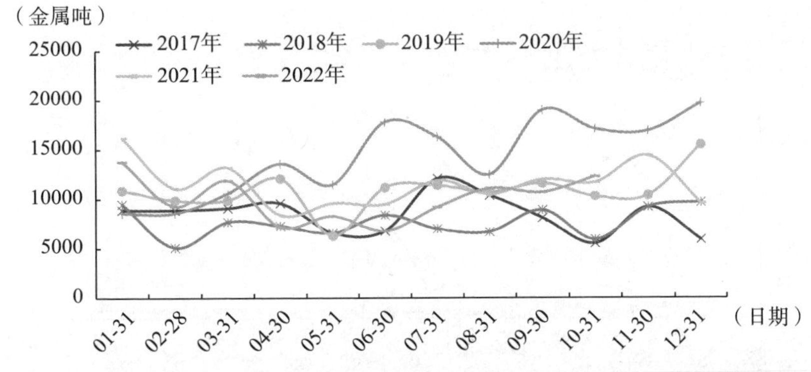

图 2－34　2017—2022 年中国水淬镍 FeNi 进口情况

资料来源：钢联，中国海关，国泰君安期货。

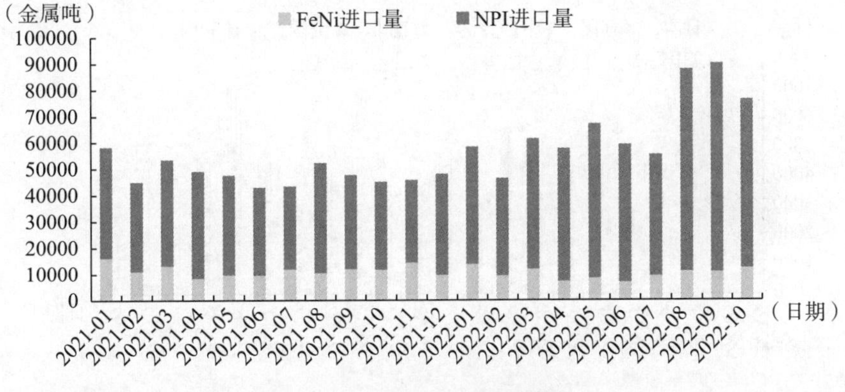

图 2－35　中国镍铁进口情况

资料来源：钢联，中国海关，国泰君安期货。

我国硫酸镍进口依赖度相对偏低，主要是通过进口中间品再加工的形式满足需求。2020 年、2021 年和 2022 年进口依赖度分别约为 0.7%、3.5% 和 2.9%。进口来源比较分散，主要国家和地区包括澳大利亚、芬兰、韩国、日本等（见图 2－36、图 2－37）。2021 年以来，硫酸镍的进口量跟随下游新能源汽车行业表现出一定的季节性特征，在 3 月、6 月、9 月和 11 月时边际出现抬升。

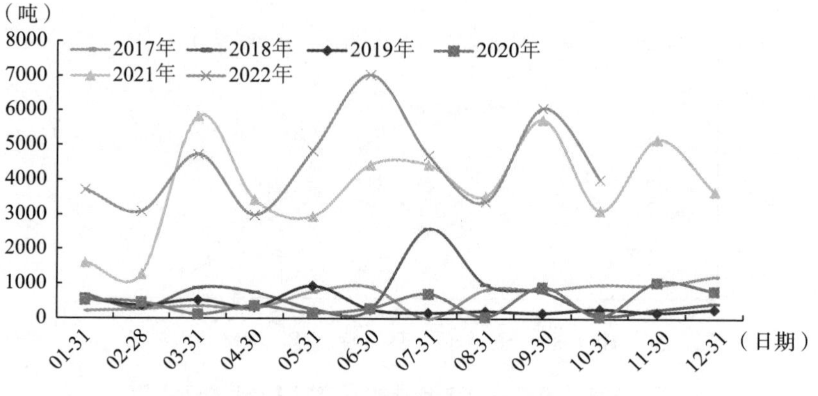

图 2－36　2017—2022 年中国硫酸镍进口量

资料来源：钢联，中国海关，国泰君安期货。

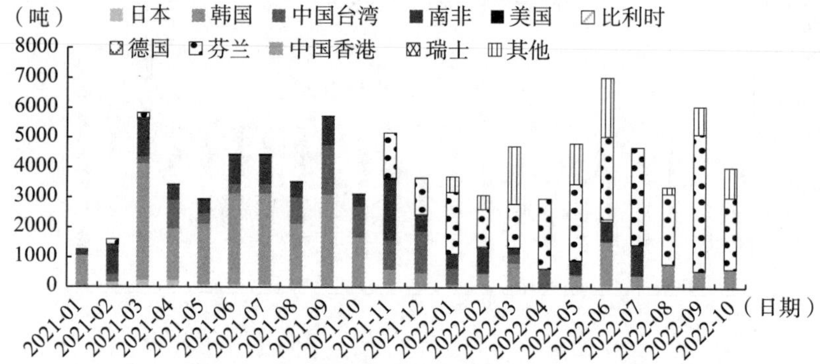

图 2－37　2021 年 1 月—2022 年 10 月中国硫酸镍进口量（分地区）

资料来源：钢联，中国海关，国泰君安期货。

2022 年以来，我国中间品进口量大幅提高。从火法中间品来看，2022 年以前，主要进口来源国家包括俄罗斯、澳大利亚和泰国等（见图 2－38）。随着中资印尼中间品项目的陆续投产叠加当地存量镍铁项目的转产，印尼对我国火法中间品的供应，占据 90% 以上。从湿法中间品来看，印尼、巴布亚新几内亚、新喀里多尼亚和澳大利亚等国家为主要的供给国（见图 2－39）。2022 年，印尼的湿法中间品进口已占总湿法中间品进口的 50%。

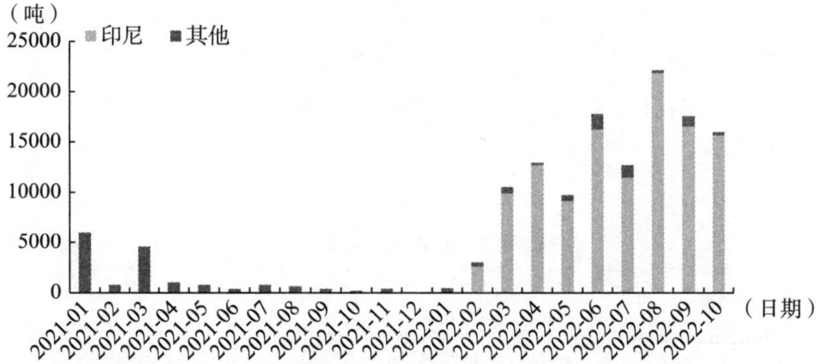

图 2-38　2021 年 1 月—2022 年 10 月中国火法中间品进口情况（分国别）

资料来源：上海有色网，中国海关，国泰君安期货。

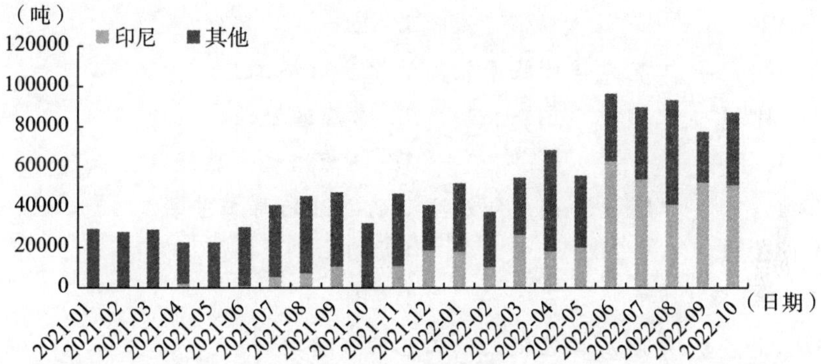

图 2-39　2021 年 1 月—2022 年 10 月中国湿法中间品进口情况（分国别）

资料来源：上海有色网，中国海关，国泰君安期货。

自测题

1. (　　) 的镍矿主要以红土镍矿为主。

A. 中国　　　　B. 印尼

C. 俄罗斯　　　D. 澳大利亚

2. 我国的镍矿资源大部分存在于 (　　) 地区。

A. 新疆　　　　B. 陕西

C. 吉林　　　　D. 甘肃

3. 2020 年以后，我国的镍矿进口主要来源国家是（　　）。

A. 印尼　　　　B. 菲律宾

C. 挪威　　　　D. 俄罗斯

4. 菲律宾的（　　）矿区的出矿量最高，且每年 11 月至次年 3 月为雨季。

A. Surigao　　　　B. Isabella

C. Tawi - Tawi　　　　D. Zambales

5.（　　）工艺不属于红土镍矿火法冶炼的范围。

A. HPAL　　　　B. RKEF

C. BF　　　　D. EF

6.（　　）工艺是镍回收率较高的湿法冶炼工艺。

A. HPAL　　　　B. 常压酸浸法

C. RKEF　　　　D. 还原焙烧 - 氨浸法

7.（　　）工艺是中国、印尼主要的 NPI 冶炼工艺。

A. HPAL　　　　B. EF

C. RKEF　　　　D. BF

8.（　　）是湿法工艺较火法工艺的优势之一。

A. 能耗水平较高　　　　B. 碳排放量较低

C. 建设成本较低　　　　D. 建设周期较短

9. 中国企业纷纷在印尼布局中间品产能的原因不包括（　　）。

A. 印尼镍矿资源天然优势　　　　B. 印尼禁矿限制原矿出口

C. 下游一体化的发展需求　　　　D. 印尼以高品位镍矿为主

10.（　　）不是中国在印尼布局的主要镍冶炼产能之一。

A. MHP　　　　B. NPI

C. 高冰镍　　　　D. FeNi

11. 全球原生镍供应量可以由（　　）和其他镍原料加总得到。

A. 精炼镍板、精炼镍豆、精炼镍粉

B. 精炼镍、镍铁、镍盐、镍中间品

C. 精炼镍、镍铁、镍盐、镍生铁

D. 镍生铁、镍铁、镍盐、镍中间品

12. 在全球精炼镍供应中，(　　) 为主要的精炼镍产品。

A. 镍板　　B. 镍豆

C. 镍珠　　D. 镍饼

13. 从海外国家的精炼镍供应来看，(　　) 较其他选项的国家产量更大。

A. 美国　　B. 俄罗斯

C. 英国　　D. 法国

14. 中国的精炼镍产品以 (　　) 为主。

A. 镍板　　B. 镍豆

C. 镍珠　　D. 镍饼

15. 澳大利亚的精炼镍产品以 (　　) 为主，用于下游 (　　) 领域。

A. 镍板；合金　　B. 镍豆；不锈钢

C. 镍板；电镀　　D. 镍豆；新能源

16. 我国 (　　) 产量比较垄断，集中于甘肃地区。

A. 镍豆　　B. 硫酸镍

C. 镍板　　D. 镍生铁

17. 我国镍豆进口的主要来源国家是 (　　)。

A. 俄罗斯　　B. 日本

C. 挪威　　D. 澳大利亚

18. (　　) 不是我国镍板进口的主要来源国家之一。

A. 俄罗斯　　B. 菲律宾

C. 挪威　　D. 日本

19. 在以下年份当中，(　　) 年是镍豆进口最为显著的一年。

A. 2018　　B. 2019

C. 2020　　D. 2021

20. (　　) 是我国从印尼进口镍的主要产品之一。

A. 镍板　　B. NPI

C. 镍豆　　D. FeNi

参考答案

1. B	2. D	3. B	4. A	5. A	6. A	7. C	8. B
9. D	10. D	11. C	12. A	13. B	14. A	15. D	16. C
17. D	18. B	19. D	20. B				

第三章

镍的下游领域应用

一、镍主要应用于哪些行业？

镍具有很好的可塑性、耐腐蚀性和磁性等性能，因此被广泛应用于不锈钢、合金以及镀镍等领域。同时，由于镍可以增加材料的体积能量密度，在电池领域的应用逐渐增加，尤其是新能源电池材料行业。据中国有色金属工业协会统计，2021 年，全球原生镍消费量达 276 万吨，同比增长 15.9%，其中，中国境内原生镍消费量达 154.2 万吨，同比增长 14%，占全球原生镍消费量的 56%（见图 3－1）。

从总消费占比来看，不锈钢领域的镍消耗量最大。在化学电池材料方面，镍可以用作电池正极材料的生产，主要是应用在三元前驱体的生产制作上，因为硫酸镍是作为制作三元前驱体的必备材料之一。从 2021 年和 2022

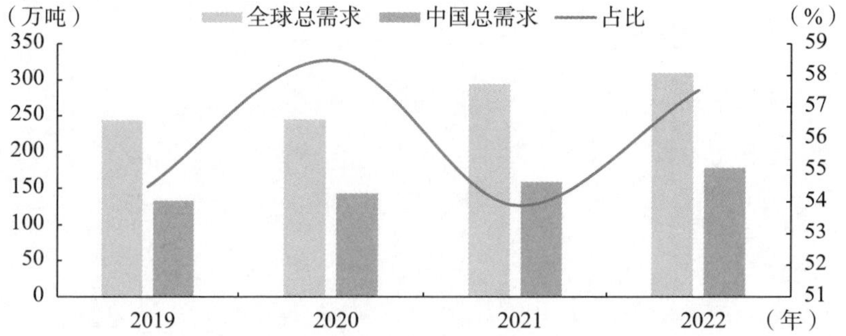

图 3－1　2019—2022 年中国与全球原生镍总需求及中国占比情况

资料来源：上海有色网，国泰君安期货。

年的消费占比变动情况看，近年来随着新能源汽车行业的快速发展，电池材料领域的镍消费占比增长较快（见图 3－2、图 3－3、图 3－4、图 3－5）。

而按照生产原料来划分，可分为原生镍和再生镍两大市场。在原生镍消费结构中，国内外差异不大，其中不锈钢领域占据市场主导地位。同时，从中国与全球原生镍总需求变动来看，国内外原生镍的消费需求总量在不断增长，中国市场虽有波动但在规模上占据了全球超一半的市场份额。

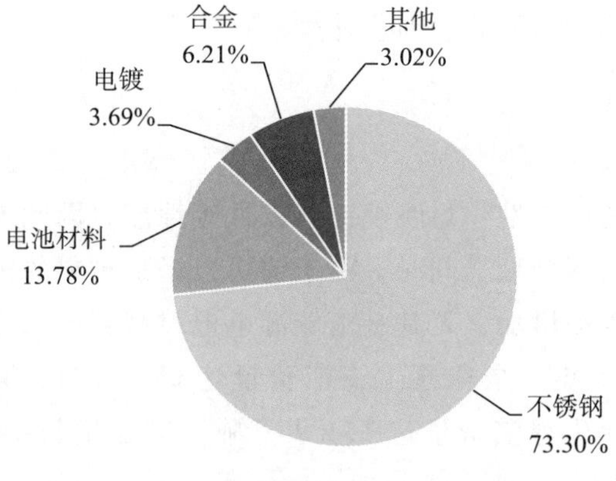

图 3－2　2021 年中国原生镍消费结构

资料来源：上海有色网，国泰君安期货。

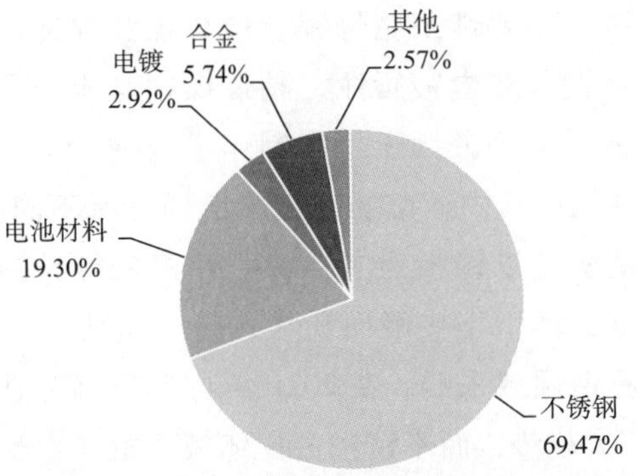

图 3－3 2022 年中国原生镍消费结构

资料来源：上海有色网，国泰君安期货。

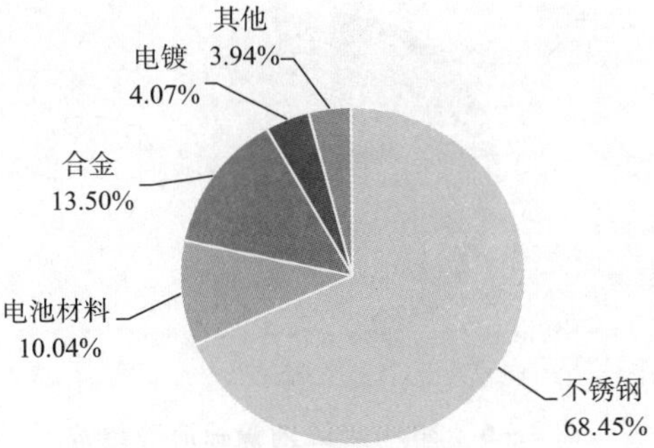

图 3－4 2021 年全球原生镍消费结构

资料来源：上海有色网，国泰君安期货。

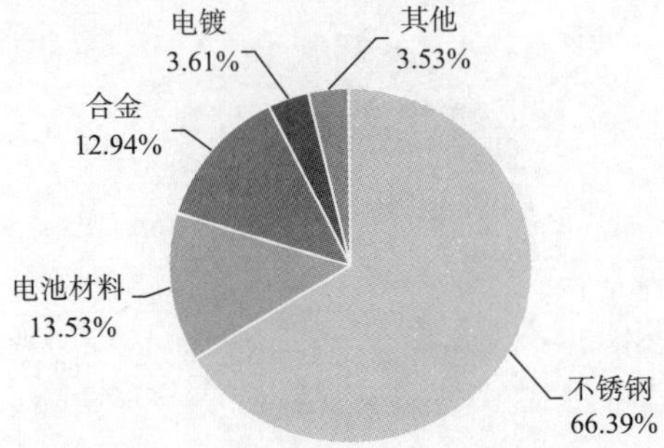

图 3－5 2022 年全球原生镍消费结构

资料来源：上海有色网，国泰君安期货。

在原生镍消费中，主要涉及精炼镍、硫酸镍和镍铁，其中硫酸镍主要应用在三元前驱体生产制作和电镀行业，精炼镍则是应用在不锈钢、合金和电镀等领域。至于镍铁，大部分用于生产制作不锈钢。

在精炼镍消费结构中，中国市场与全球市场有所不同，从产品形态来看，国内市场上精炼镍消费是以镍板为主，镍豆和镍粉等为辅。中国镍豆、镍粉主要依赖于进口，由于体积小接触面积大，易于酸溶，大部分用于新能源领域，少部分会被不锈钢领域采购。在 2021 年与 2022 年中国镍板消费结构对比中，合金占比呈现扩大趋势，而不锈钢占比缩减严重，主要是因为 2022 年下游厂商纷纷选择镍铁作为原材料，降低了对镍板的使用量（见图 3－6、图 3－7）。

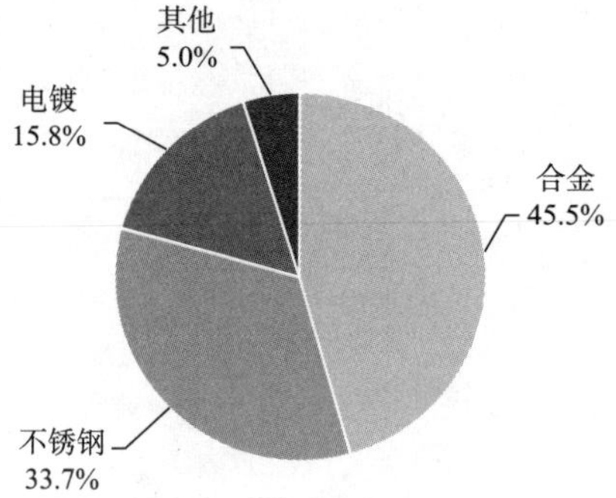

图 3－6　2021 年国内镍板消费结构

资料来源：上海有色网，国泰君安期货。

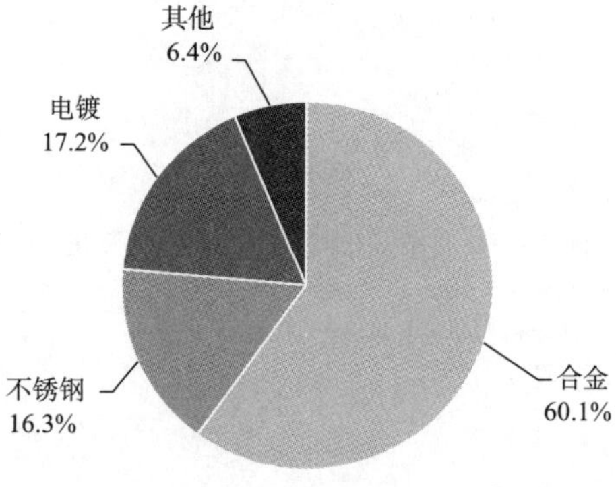

图 3－7　2022 年国内镍板消费结构

资料来源：上海有色网，国泰君安期货。

二、不锈钢对镍的消费结构是什么样的?

中国是全球不锈钢生产第一大国，同时也是不锈钢消费的第一大国，从不锈钢表观消费量来看，中国的不锈钢消费量在不断增长，市场规模巨大。而在不锈钢生产制作过程中，镍是重要的原材料之一，占不锈钢生产总成本的比例较大。据国际镍业研究组织统计，在全球原生镍的消费中，不锈钢对镍的消费占比略低于70%，而在中国，不锈钢占原生镍的消费比例相较于海外来说要略高一些（见图3-8）。因此，从消费占比来看，不锈钢市场是镍下游领域中的重要部分，不锈钢产业的发展将深刻影响镍的供需变化。

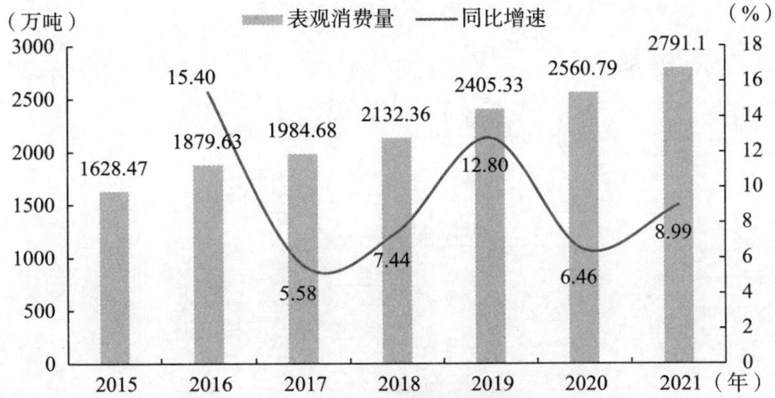

图3-8 中国不锈钢表观消费量及增速

资料来源：中国特钢企业协会不锈钢分会，国泰君安期货。

当前市面上不锈钢的品类很多，各类不锈钢的生产工艺、制作流程以及原料配比都存在差异，比如含镍与否、含镍比例以及原料中镍产品的差别。通常来说，不锈钢按金相组织划分可分为五类，分别为奥氏体不锈钢、马氏体不锈钢、铁素体不锈钢、双相不锈钢和沉淀硬化不锈钢。而按化学成分划分，主要分为铬系（400系）、铬镍系（300系）和铬镍锰氮系（200系，也称为锰系不锈钢)，其中400系又可以划分为430、409L、410、410S、420等钢种；300系可以划分为304、316L、321、301等；200系也可以划分为201、202、205、J1、J2、J5等（见图3－9、图3－10）。

图3－9　不锈钢冷轧卷板

资料来源：公开资料。

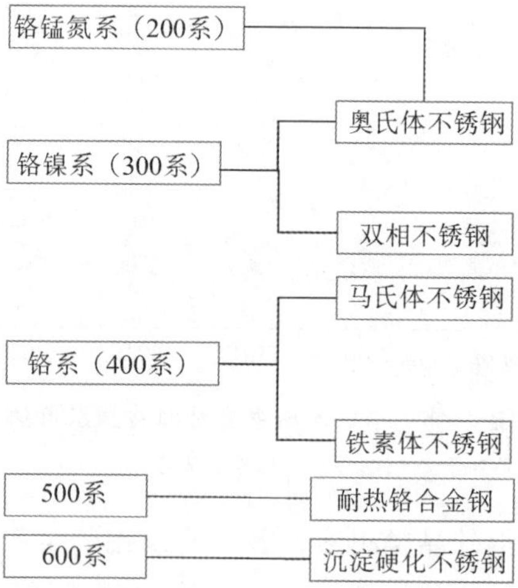

图3－10　不锈钢按照金相组织与化学成分的分类关系

资料来源：公开资料整理，国泰君安期货。

一般来说，不锈钢200系产品为中低端产品，300系、400系为中高端产品，从三者产量分布来看，300系占据市场主导地位。上海有色网数据显示，2021年全球不锈钢供应量中，200系占比为17.04%，300系占比为60.02%，400系占比为22.94%。而在含镍量大小上，300系通常含镍量在8%以上，200系含镍量在3.5%～5.5%，而400系基本不含镍金属。至于产品性能，200系不锈钢耐腐蚀性、加工性能不及300系，但由于含镍量低，价格低于300系。400系不锈钢耐腐蚀性能在特定情况下与300系相同，且硬度较高，但加工性能不及300系。从组织结构角度看，300系不锈钢主要包括奥氏体不锈钢和双相不锈钢，其中奥氏体不锈钢具有面心立方晶体结构，含铬大于18%，还含有8%左右的镍及少量钼、钛、氮等元素。而双相不锈钢具有奥氏体和铁素体的双相结构，含铬量为18%～28%，含镍量为3%～10%，部分双相不锈钢还含有钼、铌和锑等合金元素，具有超塑性。

300系（铬镍系不锈钢）因具有优异的耐蚀性、成型性以及在较大温差范围内的强韧性，被广泛应用于重工业、轻工业、生活用品行业以及建筑装饰等行业，其各类钢种的具体应用领域可参见图3-11。

在期货市场上，上海期货交易所上市的不锈钢期货标的物就是300系的奥氏体不锈钢，交割标准品要求为厚度2.0mm、宽度1219mm、表面加工类型为2B、边部状态为切边的304奥氏体不锈钢冷轧卷板。该类不锈钢产品主要应用于家电、餐具、厨具、热水器、锅炉、食品机械等产品。聚焦于奥氏体不锈钢的特性，这类钢种的特性包括主要金属元素是铬和镍，热处理不能使其硬化，但冷加工可使其显著硬化，无磁性（冷加工有时会使其具磁性），以及优异的成型性和焊接性等。

考虑到300系不锈钢在镍的下游消费中占据重要位置以及上海期货交易所指定交割品的地位，从其横向产业链和纵向产业链两个方向梳理其主要关系，包括上游原料端至下游消费端、300系与200系、400系的异同以及300系自身型材之间的关系。

从纵向来看，镍铁、镍板、高碳铬铁、生铁、普碳废钢、废不锈钢及硅铁等都是其原料端，再往上的原料端就是镍矿、铬矿及铁矿。不锈钢钢坯产出之后，经热轧到冷轧，冷轧生产采取以销定产的模式，下游客户分为加工

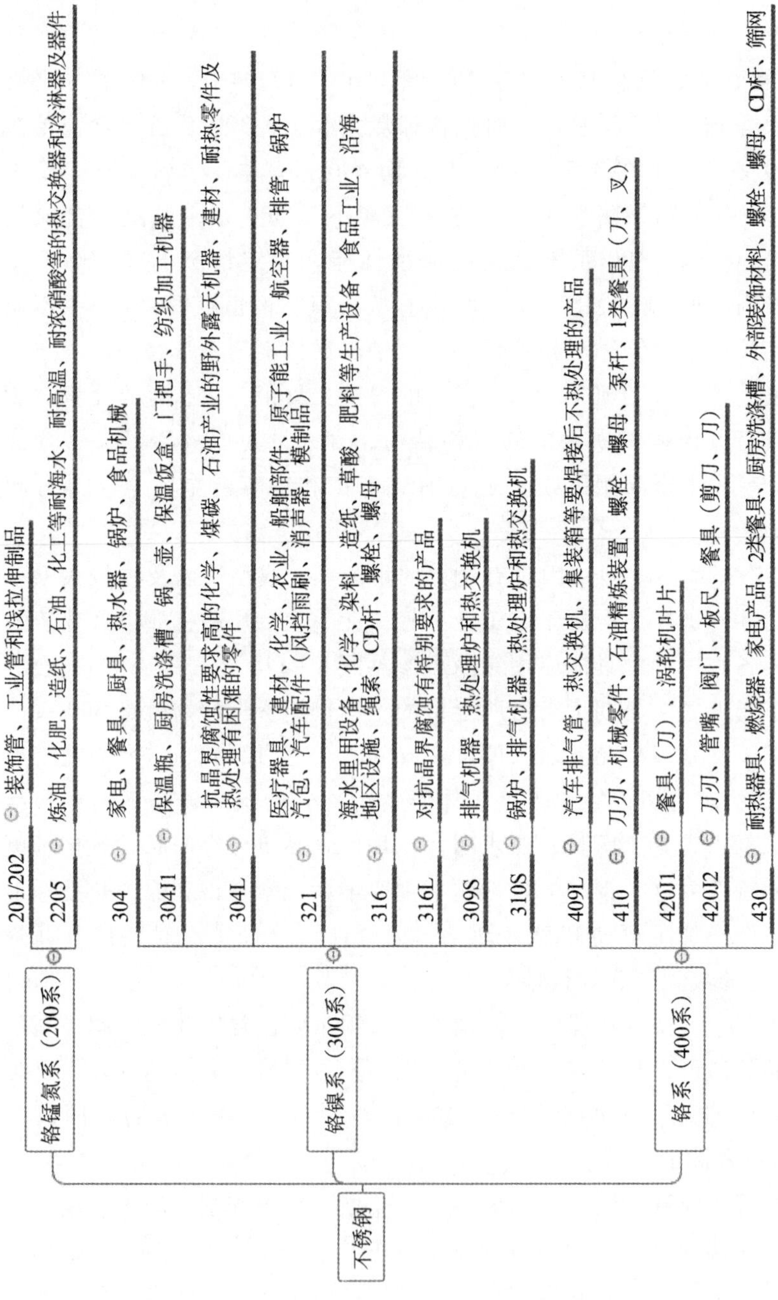

图 3-11 200 系、300 系和 400 系不锈钢的主要应用领域

资料来源：国泰君安期货。

企业、贸易企业和终端制造企业等。终端下游主要包括建筑装饰、家用电器、厨电厨具等行业（见图 3－12）。

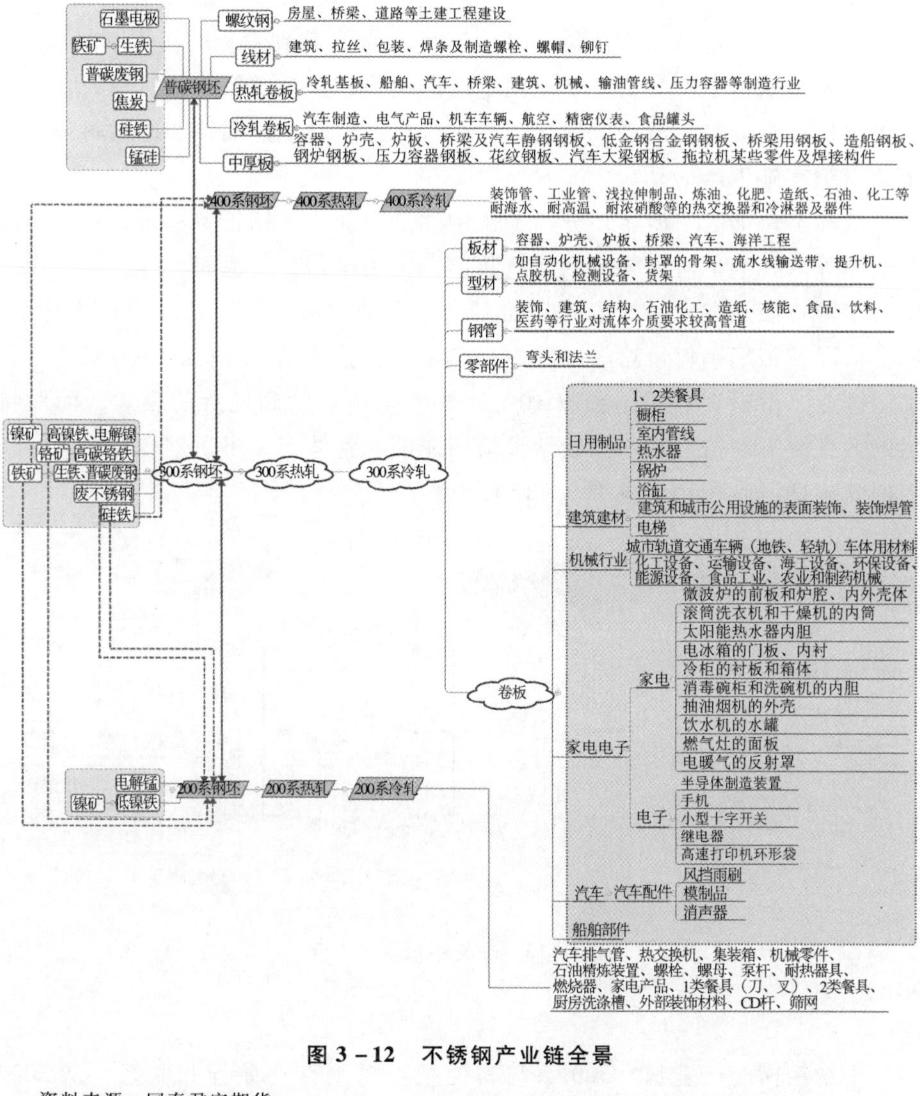

图 3－12　不锈钢产业链全景

资料来源：国泰君安期货。

从 300 系冷轧不锈钢产业的短流程链条来看，即直接的上、中、下游：上游热轧不锈钢厂、中游冷轧不锈钢厂、下游制造业。

冷轧不锈钢的直接上游为不锈钢热轧厂，不锈钢冷轧厂主要向上游不锈钢热轧企业、代理商及贸易商采购不锈钢热轧板。采购价格一般以上游不锈钢热轧企业市场化报价为基准，采购数量依据销售订单、销售计划或生产计划等确定，采购付款采用预付10% ~20%定金、款到发货的模式。

冷轧不锈钢生产主要基于以销定产的模式，根据销售订单、销售计划或重大项目招投标等下游需求情况，并结合自身产品生产周期和原材料采购数量，组织实施生产活动。

冷轧不锈钢的下游客户分为不锈钢加工企业、不锈钢贸易企业和终端制造企业等。终端下游主要包括建筑装饰、家用电器、厨电厨具等行业。产品销售定价一般是在产品成本的基础上，综合考虑市场供需状况和价格行情、库存情况、市场销售策略等因素进行确定。在销售结算方面，一般对不锈钢加工企业、贸易客户采用预收10% ~20%定金、款到发货的模式，而对特定的大型终端制造客户一般会给予信用账期。整体上，不锈钢冷轧企业的销售回款逾期风险较小（见图3-13）。

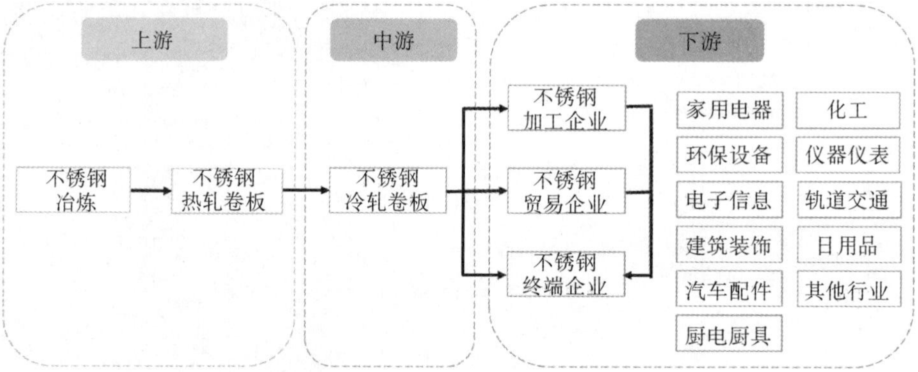

图3-13 冷轧不锈钢产业链

资料来源：国泰君安期货。

不锈钢横向产业链，300系与其他系不锈钢存在差异和联系。从304/2B不锈钢冷轧产业的横向链条来看，一方面，300系不锈钢与200系、400系、普碳钢之间可以相互转产。当利润差异较大时，200系和400系不锈钢企业会考虑转产普碳钢，或者将普碳钢转产为300系或400系不锈钢。由于

200 系、300 系不锈钢市场竞争激烈，转产 400 系不锈钢也成为行业内的一大趋势。另一方面，300 系卷板与板材、型材、钢管和零部件共享热轧与冷轧资源，钢厂可以根据下游需求和订单情况切换产品种类。

首先，300 系不锈钢与 200 系、400 系和普碳钢之间可以相互转产。当普碳钢利润大幅超过不锈钢利润并预期长期维持时，200 系和 400 系不锈钢企业会考虑进行转产，通过高炉冶炼或电炉废钢冶炼普碳钢，提高产品利润率。从实际情况来看，2017 年供给侧结构性改革，普碳钢在中频炉退出、环保限产的产量压缩情况下，利润大幅攀升，吨钢利润曾超过 1000 元。在此背景之下，西南不锈、青山集团、鞍钢联众、北海诚德、鑫金汇和华乐等不锈钢企业纷纷转产普碳钢。

普碳钢转产不锈钢也屡有发生，比如太钢将一条碳钢生产线升级改造为不锈钢生产线，主要生产 400 系不锈钢。江苏德龙通过江苏成钢淘汰 140 万吨产能减量置换出 112 万吨不锈钢产能。

200 系、300 系转产 400 系也是大势所趋。2018 年第一季度，由于 200 系和 300 系市场竞争激烈，终端需求疲弱，海外低价资源大量进口，北海诚德、太钢等钢厂 300 系分别调低产量，转产 400 系。

企业在考虑是否要在不锈钢与普碳钢之间相互转换时，主要会顾虑以下 3 个制约因素：市场份额降低和客户群体流失，建立新的铁矿、镍矿和铬矿的采购渠道，以及转产后钢种利润存在回落的风险。

其次，300 系卷板与板材、型材、钢管和零部件共享热轧与冷轧资源，钢厂可以根据下游需求和订单情况切换产品种类。不锈钢粗钢经过热轧环节后，少量作为工业用材直接用于化工、石油、机械和船舶等行业耐蚀零件、容器和设备等的制造。大部分作为生产冷轧不锈钢的原材料，通过冷轧机组轧制、酸洗退火或光亮退火、平整机组，之后通过横切机组、拉矫重卷机组、纵切重卷机组、锻造、定型等工序形成冷轧不锈钢产品的各种形状，其中最重要的是卷板和板材。

上期所交割品为不锈钢冷轧卷板，因此交易者往往更关注卷板下游需求。冷轧卷板用途广泛，主要用于日用制品、建筑建材、机械行业、家电电子、汽车配件、船舶配件等。板材主要用于容器、炉壳、炉板、桥梁、汽车、海洋工程。型材可分为角钢、扁钢、工字钢、槽钢，用于自动化机械设备、封罩的骨架、流水线输送带、提升机、点胶机、检测设备和货架等。钢管主要是指无缝钢管，用于装饰、建筑、结构、石油化工、造纸、核能、食品、饮料、医药等行业对流体介质要求较高的管道。零部件主要是指弯头和法兰等，分别用作管道拐弯处的连接和管子之间互相连接的零件（见图 3－14、图 3－15）。

图 3－14　不锈钢型材和钢管

资料来源：公开资料。

图 3－15　不锈钢弯头和法兰

资料来源：公开资料。

在了解到不锈钢的主要产品及其相应的使用场景后，就可以基于相关细分市场的需求来测算不锈钢行业的总需求，从而得出不锈钢领域镍的需求大小。因此，不锈钢供需格局的变化将直接影响到镍的下游需求，本章接下来将着重介绍国内外不锈钢市场的供需情况。

在全球产量上，不锈钢呈现逐年上升的态势但增速平缓，截至 2021 年，全球不锈钢粗钢产量达 5828.9 万吨，较 2020 年 5089.2 万吨增长了 12.5%，继续保持较温和的增长速度。中国作为全球不锈钢主要生产国，每年向全球市场供应了一半左右的不锈钢产品，其年产量也是逐年攀升。据 Mysteel 统计，2021 年中国不锈钢厂粗钢的总产量达 3244.66 万吨，同比增长 8.74%。

其中，200 系产量 979.62 万吨，300 系产量 1636.66 万吨，400 系产量 628.38 万吨，三者同比增长都超过了 10%。从图 3－16、图 3－17 可看出，无论是全球不锈钢供应还是中国的不锈钢生产，300 系不锈钢都是占据了市场主导地位。

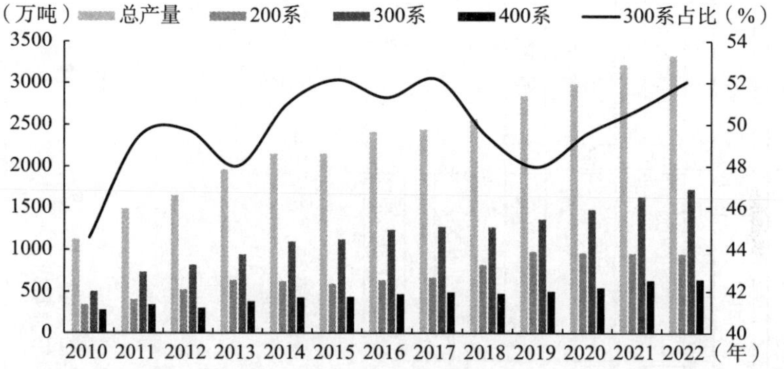

图 3－16　2010—2022 年中国不锈钢产量平稳增长，300 系占比较高

资料来源：上海有色网，国泰君安期货。

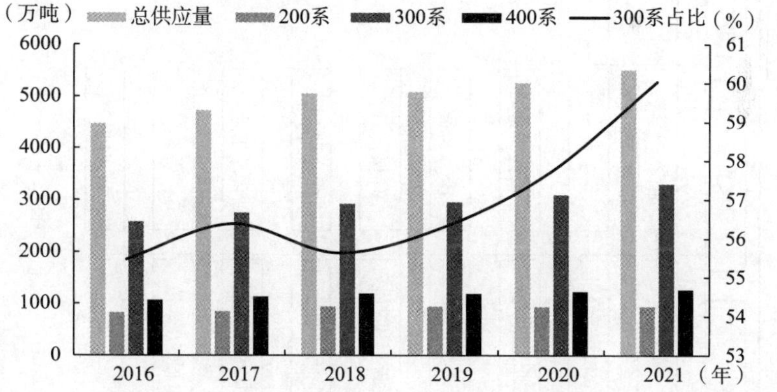

图 3－17　2016—2021 年全球不锈钢产量温和增长，300 系占比逐年提升

资料来源：上海有色网，国泰君安期货。

在不锈钢需求方面，从中国近年来不锈钢表观消费量变动可以看出，中国不锈钢消费量在稳步增长，且增速温和、波动不大。按行业划分，不锈钢主要是应用于下游的金属制品、机械工程、建筑装饰、电力机械、机动车辆及部件和其他交通等行业（见图 3－18）。

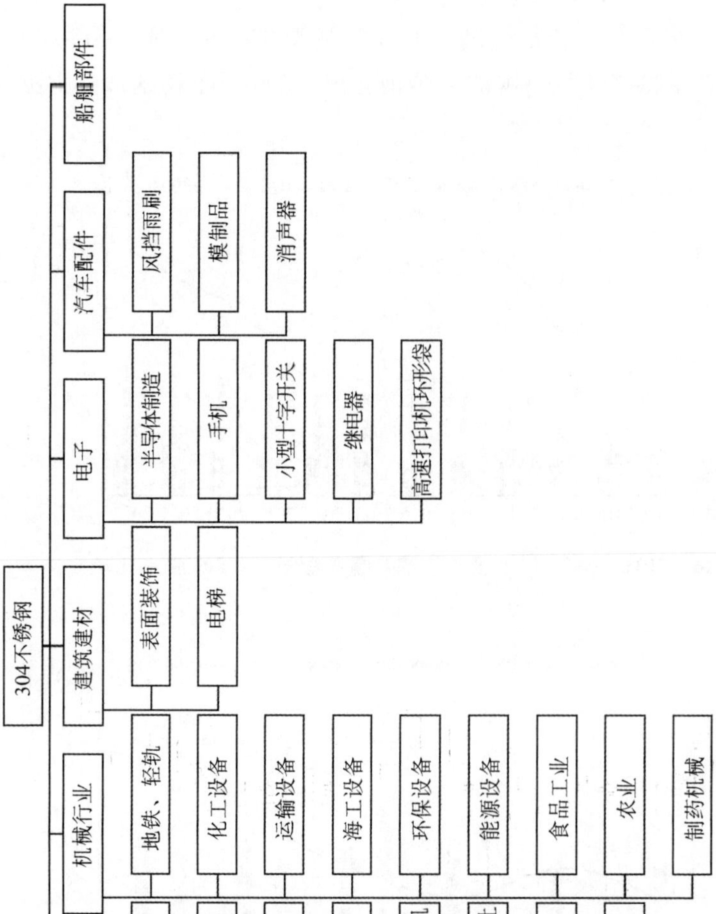

图 3－18　304 不锈钢冷轧卷板的下游需求

资料来源：万得，国泰君安期货。

三、镍如何在新能源领域大放异彩？

新能源汽车的动力电池主要分为三元锂电池（NCM）和磷酸铁锂电池（LFP），对于镍来说，在新能源领域的消费主要集中在三元电池材料方面，因为镍可以增加材料的体积能量密度，所以常用于制备三元正极材料。一般来说，三元正极材料主要由镍、钴、锰组成，型号有 NCM333、NCM523、NCM622、NCM811。其中，镍的主要作用是提高能量密度，延长续航里程；钴的主要作用是作为正极支架，坚固结构；而锰和铝的作用是提高导热性。333 和 811 等数字指的是 NCM 材料中 Ni/Co/Mn 的摩尔系数比。由于钴金属较为稀缺，价格昂贵，而镍金属价格相对较低，且能够提升电池的能量密度，因此，三元正极材料正朝着高镍化、无钴化发展，NCM622、NCM811 和 NCA（镍、钴、铝）电池将逐渐成为主流。

从图 3－19、表 3－1 可以看出，可以采用高冰镍、氢氧化镍、镍豆以及镍粉等来制备硫酸镍，从而生产三元前驱体，进而生产正极材料用于电芯和新能源电池。而在新能源电池报废淘汰后，又可以通过回收工艺进行镍的回收利用，从而提升镍资源的利用效率。

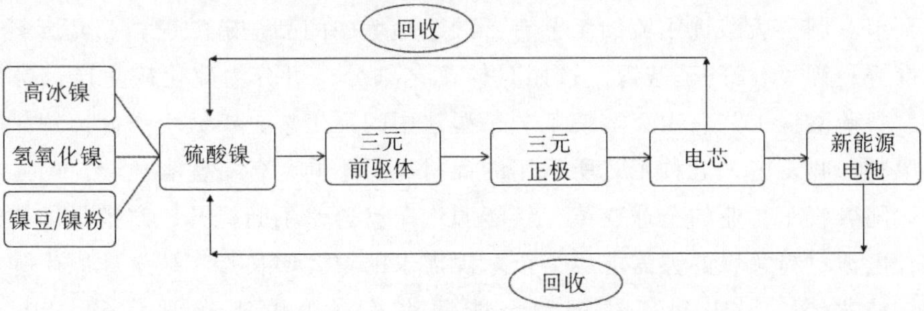

图 3－19　新能源领域镍相关产业链

资料来源：国泰君安期货。

表 3－1　　制备硫酸镍不同工艺的优劣势对比

<table>
<tr><th>原料</th><th>优势</th><th>劣势</th></tr>
<tr><td>硫化矿生产高冰镍</td><td>技术较为成熟</td><td>硫化矿储量较少</td></tr>
<tr><td rowspan="3">镍豆/粉</td><td>可直接投入整体生产线，无须蒸发结晶工艺，节省结晶成本</td><td rowspan="3">经济性不强，需等待时机</td></tr>
<tr><td>投资相对较少，施工周期短</td></tr>
<tr><td>工艺环节相对简单，环保资质要求相对较低（无废渣处理）</td></tr>
<tr><td rowspan="3">MHP</td><td>总成本较低，经济性强</td><td rowspan="3">副产品消耗最大，能耗偏高；短期内供应量不多</td></tr>
<tr><td>生产过程相对安全，无高温高压生产环境</td></tr>
<tr><td>原料供应相对固定，可实现稳定生产</td></tr>
<tr><td rowspan="3">镍铁生产高冰镍</td><td>成本适中</td><td rowspan="3">存在一定技术壁垒；供应量受转产利润的影响较大，能耗较高</td></tr>
<tr><td>可缓解镍铁供给过剩风险</td></tr>
<tr><td>总现金成本相对较低</td></tr>
<tr><td>废料回收</td><td>生产过程相对安全，无高温高压生产环境</td><td>供应商渠道分布较为零散；同步提取其他元素才更有经济性</td></tr>
</table>

资料来源：上海有色网，国泰君安期货。

从图 3－20 中可以看出，镍在新能源领域的消费，主要以制备硫酸镍为枢纽。电池级硫酸镍可以用于制备三元前驱体，而三元前驱体与锂盐烧结后形成的正极材料是锂电池的重要组成部分，因此制备硫酸镍是制备电池的重要环节。制备硫酸镍主流的工艺有：湿法冶炼中间品—硫酸镍；三元废料—硫酸镍；镍豆/粉—硫酸镍。按照具体工艺细分，可分为硫化矿生产高冰镍再制备硫酸镍工艺、镍豆溶解工艺、湿法中间品工艺、镍铁生产高冰镍工艺和废料回收工艺，五种工艺所采用的镍材有所不同，各有优劣。

随着汽车行业的全球变革，新能源汽车渗透率不断提升，产销量增长迅速，电池材料领域的镍需求成为全球镍需求的重要增长点。从全球原生镍消费结构来看，2021 年不锈钢和新能源汽车耗镍占比分别为 68.45% 和 10.04%。随着新能源汽车渗透率的不断增长，电池材料领域的镍消费占比将不断提升（见图 3－21）。

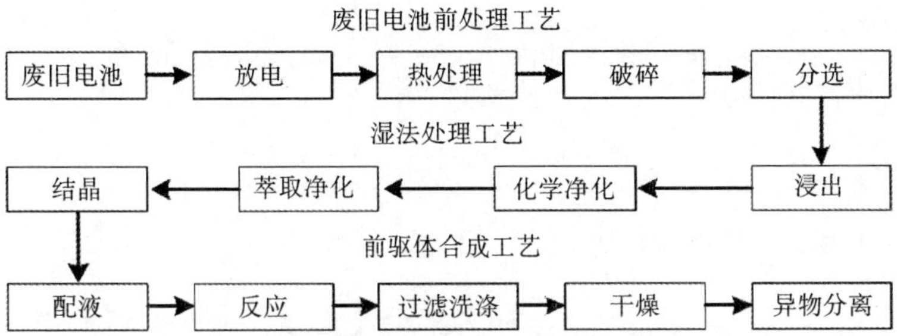

图 3－20　回收技术生产三元前驱体

资料来源：宁德时代招股说明书，国泰君安期货。

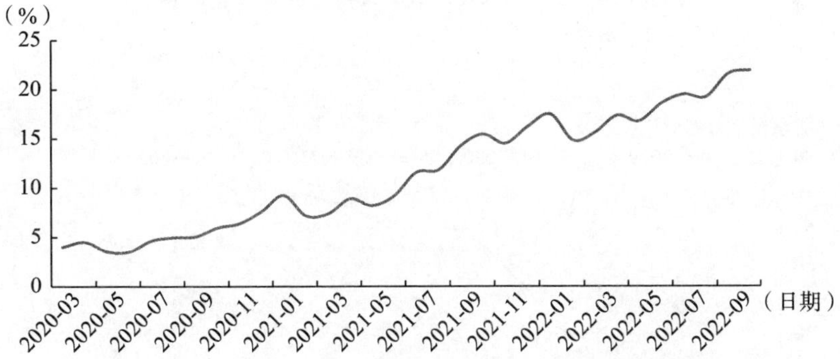

图 3－21　2020 年 3 月—2022 年 9 月全球新能源汽车渗透率

资料来源：上海有色网，国泰君安期货。

在新能源汽车销售方面，全球新能源汽车销量逐年提升，并呈现出明显的季节性特征。每逢季末，销量边际上行，而年底往往是全年销量最高的阶段。中国的新能源汽车销量处于快速增长阶段，季节性特征相对偏弱，在 2021 年呈现线性增长，2022 年销量在上半年主要是受到疫情的扰动，销量出现超预期的低谷，而后在 2022 年中又逐步修复（见图 3－22、图 3－23）。

在新能源电池装机量上，三元锂电池（NCM）和磷酸铁锂电池（LFP）占据了市场主导地位。一方面，三元锂电池具有能量密度更高和充放电性能更强的优势，新能源汽车可以拥有更长续航能力。但是，鉴于原料资源的匮乏，成本较高不具经济性。另一方面，磷酸铁锂成本低廉，循环寿命长，且安全性能更优。因此，三元电池一般用于中高端新能源汽车较多，而磷酸铁锂

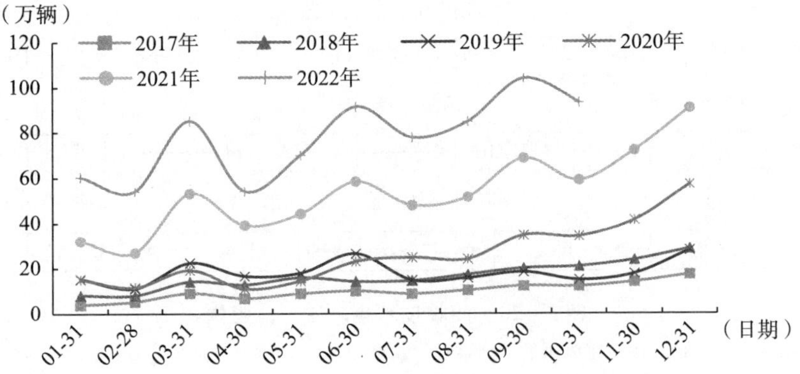

图 3－22 2017—2022 年全球新能源汽车销售量

资料来源：万得，国泰君安期货。

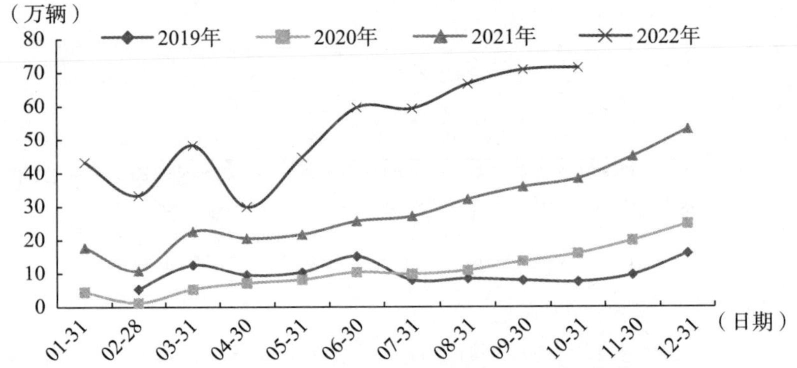

图 3－23 2019—2022 年中国新能源汽车销量

资料来源：万得，国泰君安期货。

常用于商用或中低端新能源汽车和储能等领域（见图 3－24）。

在三元正极的需求量上，中国占据了全球近一半的市场。同时，在产量方面，中国三元正极的生产量总规模在不断提升，且主要集中于华东、华中和西南地区，这一地区分布特点与三元前驱体需求分布地区有些近似（见图3－25、图 3－26、图 3－27）。

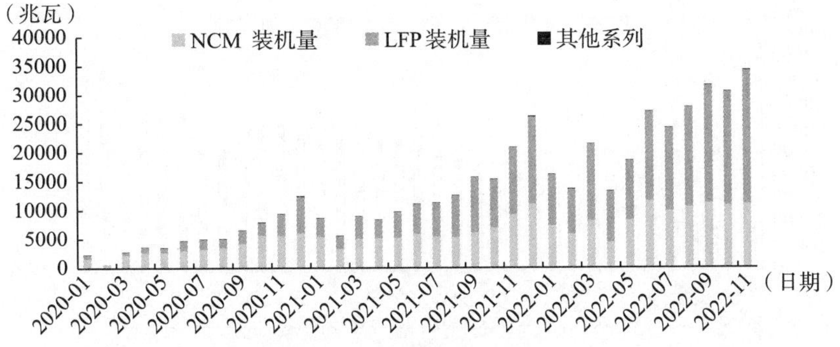

图 3－24　中国锂电池市场装机量分布

资料来源：钢联，国泰君安期货。

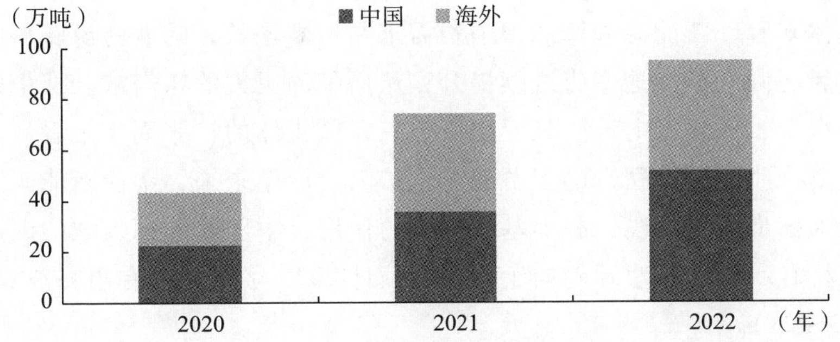

图 3－25　中国和海外三元前驱体需求量

资料来源：上海有色网，国泰君安期货。

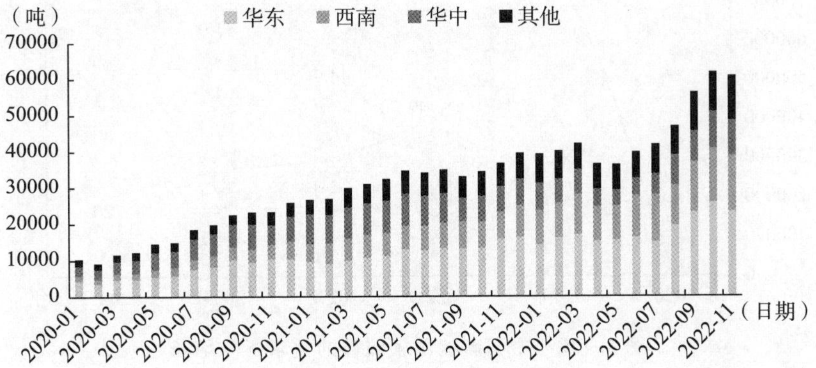

图 3－26　中国三元正极产量分布

资料来源：钢联，国泰君安期货。

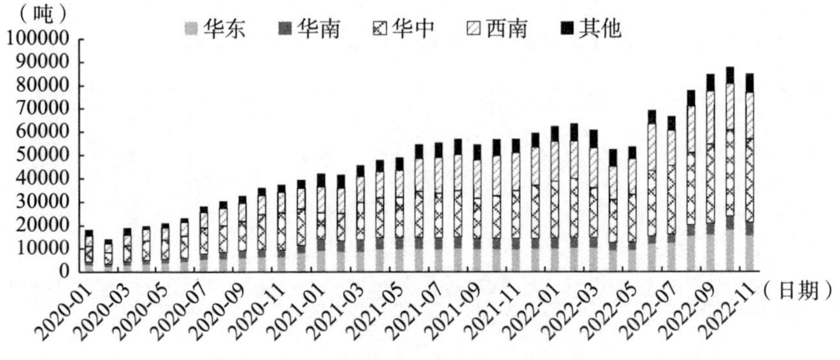

图 3－27 中国地区三元前驱体产量分布

资料来源：钢联，国泰君安期货。

整体来看，新能源领域的镍消费需求在不断增长，随着能源转型的持续推进，新能源汽车渗透率将继续提升，从而带动更大的镍需求。从中国当前新能源汽车、三元锂电池、三元正极、三元前驱体的扩张周期来看，中国新能源汽车行业发展迅猛带动上游镍需求扩大。展望未来，中国新能源汽车将逐步迈入稳步发展阶段，叠加基数效应的作用，中国新能源领域的镍需求同比增速将有所放缓，边际趋向于稳定，预计 2025 年镍需求有望突破 68 万吨（见图 3－28）。

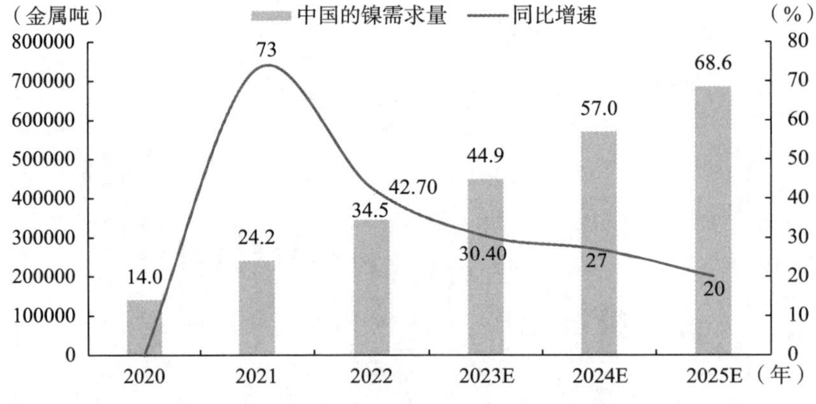

图 3－28 中国新能源领域镍的需求逐年增长

资料来源：上海有色网，国泰君安期货。

在新能源汽车行业发展的路径中，补贴政策起着重要的推动作用，是市场需求扩张的催化剂。2022 年，美国在新能源补贴政策方面仍在加码，而中欧地区开始平稳退坡。2021 年，美国新能源汽车渗透率仅为 3.6%，且以纯电动汽车为主。2021 年 8 月 5 日，美国总统拜登签署行政令，要求 2030 年电动化率达到 50%。2021 年 11 月 19 日，美国众议院通过 1.75 万亿美元支出计划，其中 3200 亿美元用于清洁能源和电动车税收抵免，最高单车税收抵免 12500 美元。在欧洲，新能源汽车市场需求处于爆发阶段，政府出台了补贴政策刺激销量，但部分国家补贴政策开始平稳退出。如英国提出“新车报废计划”，鼓励司机将燃油车换成电动车，并且考虑补贴司机最高 6000 英镑，但在 2021 年 3 月，英国下调电动车购车补贴门槛，并降低补贴标准。中国政策导向弱化，补贴退坡，引导市场驱动。中国的新能源补贴政策变动，在 2021 年中国新能源乘用车销量与渗透率显著超预期的情况下，补贴政策依旧维持原定退坡力度，进一步稳定新能源汽车良性的发展。相对于 2021 年的补贴方案，2022 年补贴标准退坡 30%，且新能源汽车购置补贴政策或于 2022 年底结束。

整体来看，无论是美国的加码补贴，还是中欧平稳退坡，各国都在致力于引导新能源汽车产业健康发展，倡导清洁能源消费，抢夺新能源赛道。在此背景下，未来新能源领域镍的消费需求将是镍整体需求实现新突破的重要发力点。

四、镍在合金领域有何高端应用？

合金领域对镍的需求具有结构性特征，占原生镍的消费比例并不多，但与不锈钢和新能源领域不同的是其需求以精炼镍为主。

根据行业资讯商的划分，镍的合金消费主要可以分为镍合金和其他特钢。对于镍合金的划分，以上海有色网的分类为例，镍合金可以进一步拆分为高温合金、耐腐合金、电热合金、软磁合金、膨胀合金和镍合金焊接材料等。而特钢是指在普碳钢中添加合金元素所形成的铁碳合金。在合金特钢中，镍可以起到增加强度，提高良好的塑形韧性、耐热和耐腐蚀性。因此，合金特钢被广泛用于医疗器械、交通运输和各类其他日常用品等传统行业。

镍合金单月消耗量在5000～8000吨，而特钢的单月消耗量较高，在6000～9000吨。但是，镍合金消费中高温合金、耐腐合金、软磁合金和膨胀合金等被广泛用于新兴行业，因此，未来潜在增量将来源于镍合金领域。从图3－29中可以看出，2022年镍合金和特钢的镍需求量分别同比变化19.3%、－0.9%，特钢部分的镍需求量有小幅下滑。

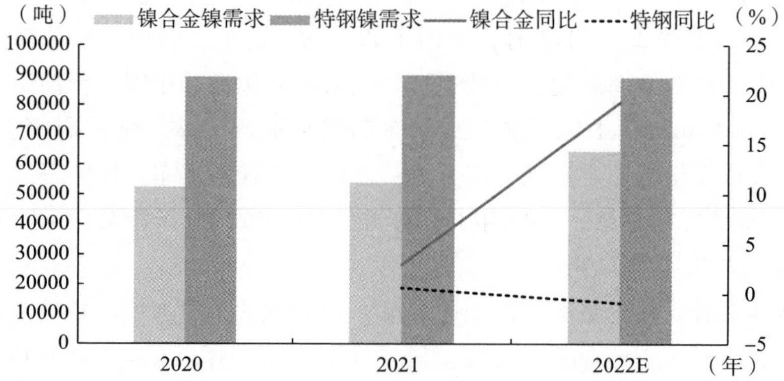

图3－29　镍合金和特钢需求量和同比变化

资料来源：钢联，国泰君安期货。

高温合金、耐腐合金、电热合金、软磁合金、膨胀合金和其他镍合金对镍的需求占比分别约为75.5%、9.9%、3.6%、2.3%、6.3%和2.4%。

高温合金在镍合金领域的消费中占据主导地位。其能在600℃以上的高温和一定的高压下长期工作，被广泛用于军用航空、民用航空、舰船燃气轮机、核能发电、燃气发电和汽车涡轮等领域。其中，军用飞机和舰船等属于军事工业。此外，含镍量不同的高温合金有着不同的用途，一般来说，镍含量高于50%的高温合金常应用在关键热端部件材料（约1000℃），比如涡轮叶片、导向叶片、涡轮盘、燃烧室等，而镍含量在25%～60%的高温合金主要应用在工作温度较低的区域（600℃～850℃），比如涡轮盘、机匣和轴等零件。

当前，国内主要高温合金企业正迈入投产周期的高峰阶段，进口依赖度有望在长周期内进一步降低。国内主要高温合金上市公司包括：抚顺特钢、钢研高纳、图南股份、西部超导、隆达股份等（见表 3-2）。通过梳理 2019—2022 年各大企业的公司公告，在有关高温合金增产、技术改造和研发中心建设等项目规划的披露信息中可以看出，高温合金项目建设周期一般为 2~3 年。因此，2022—2025 年将成为高温合金的产能扩张周期。此外，2020 年项目公告较为密集，由此推断，2022 年、2023 年将成为高温合金增产的重要阶段，若产能可以顺利落地，我国高温合金自供比例或将进一步提升。

表 3-2　高温合金项目建设统计

<table>
<tr><th>公司</th><th>项目名称</th><th>项目公告日期</th><th>项目建设期</th></tr>
<tr><td rowspan="5">西部超导</td><td>发动机用高性能高温合金材料及粉末盘项目</td><td>2019 年 7 月</td><td>24 个月</td></tr>
<tr><td>航空航天用高性能金属材料产业化项目</td><td>2021 年 7 月</td><td>36 个月</td></tr>
<tr><td>高性能超导线材产业化项目</td><td>2021 年 7 月</td><td>24 个月</td></tr>
<tr><td>超导创新研究院项目</td><td>2021 年 7 月</td><td>36 个月</td></tr>
<tr><td>超导产业创新中心</td><td>2021 年 7 月</td><td>36 个月</td></tr>
<tr><td rowspan="3">应流股份</td><td>航空产业园项目</td><td>2018 年 4 月</td><td>—</td></tr>
<tr><td>航空发动机及燃气轮机零部件智能制造生产线项目</td><td>2015 年 6 月</td><td>24 个月</td></tr>
<tr><td>高温合金叶片精密铸造项目</td><td>2018 年 12 月</td><td>24 个月</td></tr>
<tr><td rowspan="2">万泽股份</td><td>万泽珠海生物医药研发总部及产业化基地建设项目</td><td>2022 年 10 月</td><td>36 个月</td></tr>
<tr><td>先进高温合金材料与构件制造建设项目</td><td>2020 年</td><td>停止实施</td></tr>
<tr><td rowspan="4">抚顺特钢</td><td>均质高强度大规格高温合金、超高强度钢工程化建设项目</td><td>2020 年 3 月</td><td>2020—2022 年</td></tr>
<tr><td>锻造厂新建 70MN 快锻机技术改造工程</td><td>2020 年 3 月</td><td>2020—2022 年</td></tr>
<tr><td>高温合金、高强钢产业化技术改造项目（1 期）</td><td>2020 年 3 月</td><td>2020—2022 年</td></tr>
<tr><td>抚顺特钢提升产能及产品质量技术改造项目</td><td>2021 年 3 月</td><td>2021 年 4 月—2023 年 12 月</td></tr>
</table>

续表

公司	项目名称	项目公告日期	项目建设期
抚顺特钢	抚顺特钢节能环保技术改造项目	2021 年 3 月	2021 年 4 月—2022 年 12 月
	进一步提升军品产能技术改造项目	2022 年 3 月	2022—2023 年
	连轧厂提升产能技术改造项目	2022 年 3 月	2022—2023 年
	第三炼钢厂新建 12 台保护气氛电渣炉技术改造项目	2022 年 3 月	2022—2023 年
	第三炼钢厂新建 8 台电渣炉技术改造项目	2022 年 3 月	2022—2023 年
	抚顺特钢 2022—2023 年节能环保技术改造项目	2022 年 3 月	2022—2023 年
	抚顺特钢 2022—2023 年信息化建设项目	2022 年 3 月	2022—2023 年
图南股份	年产 1000 吨超纯净高性能高温合金材料建设项目	2020 年 7 月	24 个月
	年产 3300 件复杂薄壁高温合金结构件建设项目	2020 年 7 月	30 个月
	研发中心建设项目	2020 年 7 月	24 个月
	沈阳图南航空用中小零部件自动化加工产线项目	—	—
钢研高纳	青岛新力通新厂（北区）建设项目	2020 年 5 月	15 个月
	高温合金精铸件扩产项目	2019 年 6 月	18 个月
	青岛市产业基地与军民融合创新研究院项目	2019 年 6 月	24 个月
	铝镁钛轻质合金精铸件项目	2019 年 6 月	18 个月
	霍尼韦尔高温合金铸件项目	2020 年	—
	铝（镁）合金扩建项目	2016 年	—
	钛合金生产专线	2020 年	—
	高温合金铸造生产线改造	2018 年	—
隆达股份	新增年产 1 万吨航空级高温合金的技术改造项目	2022 年 7 月	36 个月

资料来源：公司公告，公开资料整理。

耐腐合金在防腐材料中具有优秀的综合性能，相较于不锈钢和其他防腐材料，耐腐合金具有更强的抗腐蚀、抗高温的能力，常被广泛用于石化、能源等重大工程领域。在含镍量上，耐腐合金含镍量一般为30% ~40%，同时在实际运用中，可以根据相应需要在耐腐合金生产过程加入铬、铜、钼、钨等其他金属元素，从而满足不同环境下的耐腐蚀要求。常见的镍基耐腐合金主要包括Ni-Cu合金、Ni-Mo合金和Ni-Cr合金等。其中，Ni-Cu合金兼具镍和铜的优点，在还原性介质中比镍基合金的耐腐性能更强，在氧化性介质中比铜更耐腐。因此，Ni-Cu合金通常应用于高温同时具备荷载情况下的耐腐零件与设备，比如输送浓碱液的泵、阀门等。此外，镍铜合金因具备强度高、抗腐蚀性强以及无磁性的特质，在无火花工具、船用螺旋桨轴等零件制作方面使用较多。至于Ni-Mo合金和Ni-Cr合金，前者主要应用于强还原性介质中，而后者主要是应用于强氧化性介质。

除了高温合金和耐腐合金外，其他几类常见合金在合金领域镍消费中占比较小。比如电热合金，一般利用金属的电阻特性制作发热体，其含镍量一般在20% ~80%，应用领域主要包括工业电炉、实验室电炉和家用电器的电加热元件等。软磁合金含镍量在50% ~80%，其是一种在外磁场作用下容易磁化而去除外磁场后磁感应强度又基本消失的磁性合金，基于这种特殊性能，软磁合金在无线电电子工业、精密仪器仪表等领域得到广泛运用。

五、镀镍行业的市场结构是什么样的?

电镀可以定义为在物品表面镀上一薄层其他金属或合金，以起到提高物品的耐磨性、导电性、抗腐蚀性或美观性等作用。在我国工业发展的过程中，电镀技术被广泛应用于机械、电子、航空航天等领域，助推行业进步和科技发展。

鉴于镍具有银白色光泽、较好的化学稳定性和钝化能力等特性，在常温下能很好地抵抗水、大气和碱的腐蚀，因此常常作为电镀的原材料。此外，基于不同金属的特性和用途，常见的电镀原料还有铜、金、铅、银等。一般来说，镀镍的主要目的是增强耐腐蚀性和耐磨性，并为后续涂层提供优良的附着性。

在工艺划分上，镀镍主要分为电镀镍及化学镀镍两种方式（见表3-3）。电镀镍是把制件放入硫酸镍溶液中作为阴极，并将金属镍板作为阳极，制件在接通电源后表面上出现金属镍镀层的沉积。电镀镍的优点是镀层内应力较小、平滑光亮、结晶细致，且与陶瓷金属化层结合力较强。但是，由于受金属化瓷件表面干净程度影响较大，镀层易出现起皮或起泡等现象。化学镀镍，即利用还原剂在制件表面上还原沉积得到镍层。相较于电镀镍来说，化学镀镍设备简单、操作方便，且利用效率更高。此外，化学镀镍形成的镍层，有着较高的硬度和耐磨性，加上其深层镀和均匀镀的能力，因此，化学镀镍的适用范围比较广。但是，其缺点主要在于镀液的成本较高，主要是因为镀液对杂质相对敏感，需要经常处理。

表3-3　　电镀镍和化学镀镍的两种工艺对比

分类	优势	劣势
电镀镍	镀层结晶细致，平滑光亮，内应力较小，与陶瓷金属化层结合力强	受金属化瓷件表面干净程度影响较大，从而出现起皮，起泡等现象
化学镀镍	设备简单，深层镀和均匀镀能力较好，适用范围广	镀液的成本较高

资料来源：上海有色网。

一般来说，镀镍企业所采购的原材料为电镀镍板和电镀级硫酸镍，其中镍板占76%左右。在市场上，电镀镍板的生产企业有金川、吉恩、英可等，电镀级硫酸镍的生产企业有金川、光华、吉恩等。从市场占有率来看，金川占据的市场份额最大，高达80.49%，主要得益于金川的规模经济优势。其次是吉恩，占比为8.94%，而英可市场占比仅为6.64%（见图3-30）。在电镀级硫酸镍市场上，金川牌的电镀级硫酸镍同样拥有最大的市场份额，为68.64%，而光华及吉恩的市场份额分别为15.86%、15.50%（见图3-31）。

当前，国内电镀企业数量较多且分散，企业规模普遍偏小，电镀耗镍量在0~3吨/月的企业数量占比约为75%，耗镍量在3~6吨/月的占比为17.5%，而超过6吨/月的企业则比较少，仅为7.5%（见图3-32）。从地区分布来看，中国镀镍企业大多分布在东部经济发达地区，主要是因为邻近港

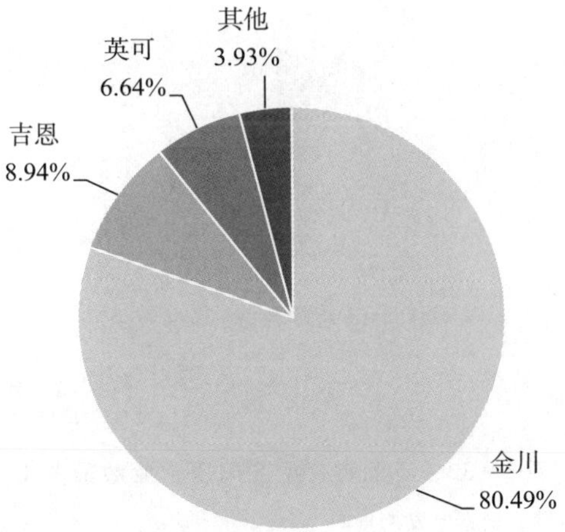

图 3-30　电镀镍板市场份额占比

资料来源：上海有色网，国泰君安期货。

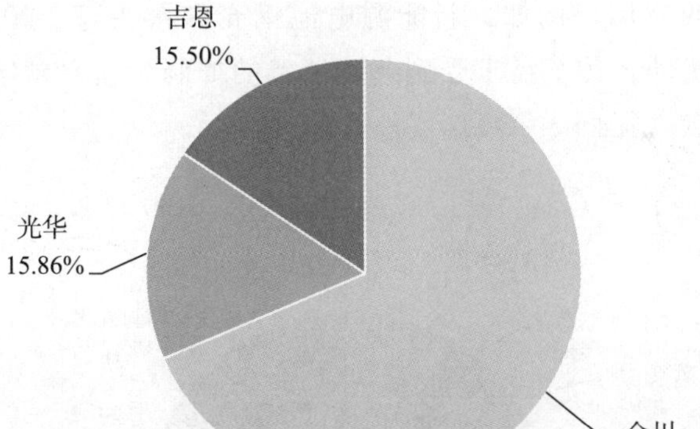

图 3-31　电镀级硫酸镍市场份额占比

资料来源：上海有色网，国泰君安期货。

口可以进行进出口贸易。镀镍企业多集中于广东、浙江、江苏、山东、安徽、福建等省。

中国镀镍行业年耗镍量维持在 5 万 ~6 万吨。镀镍技术的发展历史悠久，大多应用于传统行业，且需求表现较其他镍下游领域更加稳定。镀镍行业下游终端消费较为分散，主要涉及阀门制造业、机械制造业、电子计算机

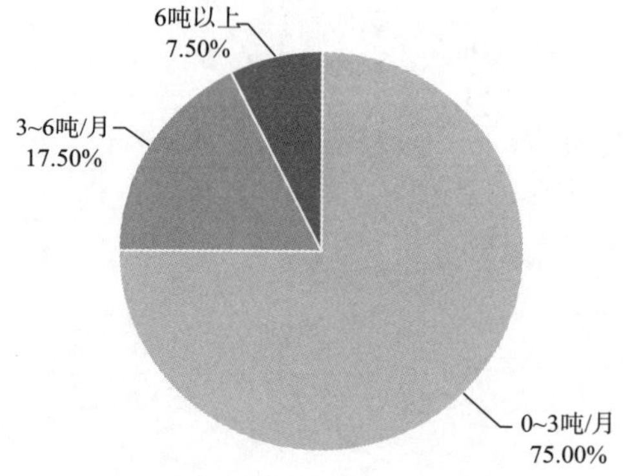

图 3－32　不同耗镍量区间里企业数量占比

资料来源：上海有色网，国泰君安期货。

工业、石油工业、航天工业等，其中阀门制造业占比最大，为 17%，机械制造业和电子计算机工业占比均为 15%（见图 3－33）。此外，镀镍在新兴领域亦有一定的应用。例如，新能源电池钢壳和接头等。2022 年，中国经济受到疫情的扰动，传统需求受到终端消费的抑制，新兴领域的需求成为镀镍领域的支撑点（见图 3－34）。

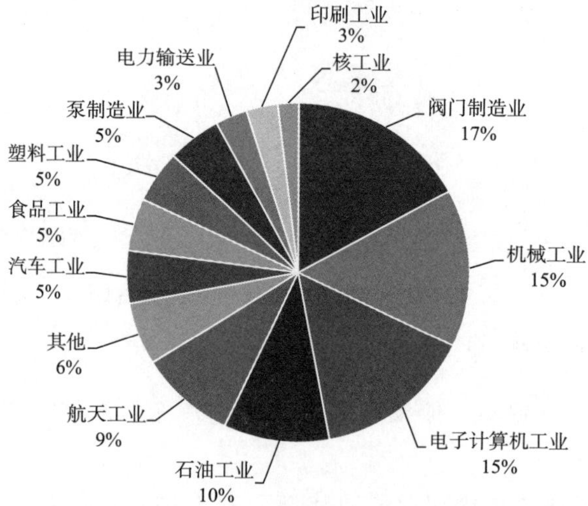

图 3－33　镀镍端需求分布

资料来源：上海有色网。

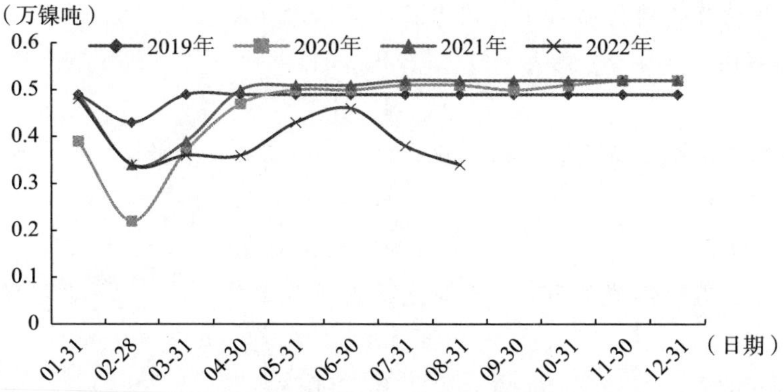

图 3-34　2019—2022 年中国月度电镀耗镍量

资料来源：上海有色网，国泰君安期货。

自测题

1. 镍的下游消费中，主要应用于（　　）行业。

A. 不锈钢　　B. 电镀

C. 电池材料　　D. 以上都是

2. 以下产品，（　　）在全球原生镍消费占比中最大。

A. 不锈钢　　B. 镍基合金

C. 电池材料　　D. 电镀镍板

3. 在全球原生镍消费占比中，近年来中国消费占比超过了（　　）。

A. 30%　　B. 50%

C. 80%　　D. 90%

4. 在新能源领域，主要因为镍具有（　　），从而被广泛运用。

A. 可塑性、耐腐蚀性和磁性　　B. 耐腐蚀性

C. 磁性　　D. 增加材料的体积能量密度

5. 在原生镍消费结构对比中，中国和全球的原生镍消费结构（　　）。

A. 不同　　B. 一致

C. 相似　　D. 不变

6. 在精炼镍消费结构中，国内市场与国外市场（　　）。

A. 不同　　B. 相同

C. 大　　D. 小

7. 在不锈钢消费中，一般来说，（　　）产品不含镍。

A. 300 系　　B. 400 系

C. 200 系　　D. 以上都是

8. 对于不锈钢消费而言，无论是国内还是国外，（　　）占据了市场主导地位。

A. 300 系　　B. 200 系

C. 400 系　　D. 以上都是

9. 目前，全球不锈钢生产量最大的国家是（　　）。

A. 美国　　B. 中国

C. 日本　　D. 德国

10. 在不锈钢下游消费中，金属制品占据较大份额，而金属制品又可以分为（　　）和（　　）两大类。

A. 日用制品；家电　　B. 日用制品；机械工程

C. 建筑装饰；电力机械　　D. 机动车辆；交通运输

11. 考虑到不锈钢消费存在地区差异，目前中国国内不锈钢两大流通地区是（　　）和（　　）。

A. 广东广州；山东济南　　B. 北京；广东佛山

C. 江苏无锡；广东佛山　　D. 江苏无锡；上海

12. 在新能源领域，镍的消费集中在电池材料领域，主要是（　　）电池。

A. 三元　　B. 碳酸铁锂

C. 铅蓄　　D. 燃料

13. 在新能源领域中，镍的消费主要是集中在制备硫酸镍，（　　）常常用于制备硫酸镍。

A. 高冰镍　　B. 镍豆/镍粉

C. 氢氧化镍　　D. 以上都是

14. 在利用回收技术生产前驱体时，需要经历（　　）步骤。

A. 配液　　B. 过滤洗涤

C. 干燥　　D. 以上都是

15. 一般来说，制备硫酸镍主流的工艺有（　　）。

A. 湿法冶炼中间品—硫酸镍　　B. 三元废料—硫酸镍

C. 镍豆/粉—硫酸镍　　D. 以上都是

16. 目前来说，在全球三元前驱体需求量上，（　　）占据了全球近一半的市场。

A. 中国　　B. 美国

C. 德国　　D. 日本

17. 在三元正极产量分布上，（　　）不是主要产地。

A. 华东地区　　B. 华中地区

C. 东北地区　　D. 西南地区

18. 在新能源补贴政策方面，各国态度不一，其中（　　）还在积极加大力度。

A. 日本　　B. 中国

C. 欧洲　　D. 美国

19. 以上海有色网的分类为例，镍在合金领域的消费主要分为镍合金和其他特钢，而镍合金又可以拆分为（　　）等。

A. 高温合金　　B. 耐腐合金

C. 电热合金　　D. 以上都是

20. 在镍合金部分，主要消费来源于（　　）和（　　）这两大类产品。

A. 高温合金；耐腐合金　　B. 高温合金；电热合金

C. 耐腐合金；电热合金　　D. 电热合金；膨胀合金

21. 通常来说，镀镍一般分为（　　）和（　　）两种。

A. 电镀镍；热镀镍　　B. 高温镀镍；低温镀镍

C. 电镀镍；化学镀镍　　D. 热镀镍；冷镀镍

22. 一般来说，镀镍企业所采购的原材料为电镀镍板和电镀级硫酸镍。目前，国内电镀镍板市场上，（　　）品牌的市场占有份额是最大的。

A. 金川　　B. 吉恩

C. 英可　　　　D. 光华

23. 在电镀级硫酸镍市场上，国内众多企业中，（　　）品牌的市场占有份额是最大的。

A. 吉恩　　　　B. 金川

C. 英可　　　　D. 光华

24. （　　）不是我国电镀企业的特点。

A. 数量多　　　　B. 太分散

C. 体量小　　　　D. 太集中

25. 市场大部分电镀企业月耗镍量在（　　）。

A. 0～3 吨　　　　B. 3～6 吨

C. 6 吨　　　　D. 6 吨以上

参考答案

1. D　2. A　3. B　4. D　5. C　6. A　7. B　8. A

9. B　10. A　11. C　12. A　13. D　14. D　15. D　16. A

17. C　18. D　19. D　20. A　21. C　22. A　23. B　24. D

25. A

第四章

解读国内镍期货合约和交易规则

一、什么是期货合约？

期货合约是指期货交易场所统一制定的、规定在将来某一特定的时间和地点交割一定数量标的物的标准化合约，包括商品期货合约和金融期货合约及其他期货合约。期货合约中的标的物即为期货品种，期货品种可以是实物商品，也可以是金融产品。商品期货合约是指以农产品、工业品、能源化工等其他商品及其相关指数产品为标的物的期货合约。金融期货合约是指以有价证券、利率、汇率等金融产品及其相关指数产品为标的物的期货合约。镍、不锈钢期货合约是指上海期货交易所指定的镍、不锈钢的标准化合约，镍、不锈钢期货合约的主要功能与其他品种的期货合约具有一定的共性。

从期货合约交易的目的来看，一是为了转移价格风险或获取风险利润。

受供求因素、市场竞争等影响，生产经营者会遇到各种风险，价格风险是较为常见的一种风险，即由于资产的市场价格变化或波动而引起的未来损失的可能性。当供求关系尖锐时，商品价格易出现大幅波动的情况，而不利的价格变化可能会导致企业收益减少或者成本提高。由于期货与现货价格具有较强相关性，常常表现为同涨同跌，市场参与者能够通过套期保值有效回避现货交易中的价格波动风险。根据《中华人民共和国期货和衍生品法》给出的权威定义，套期保值是指交易者为管理因其资产、负债等价值变化产生的风险而达成与上述资产、负债等基本吻合的期货交易和衍生品交易的活动。交易者在买进（或卖出）现货的同时，在期货交易所卖出（或买进）数量相等的期货合约，在未来某一时间当价格变动使现货买卖上出现盈亏时，可由期货交易上的亏盈得到抵消或弥补，通过这种对冲机制，使价格风险降低到最低限度。

二是，期货合约交易具有价格发现的功能。价格发现是指在期货市场通过公开、公正、高效、竞争的交易机制形成具有真实性、预期性、连续性和权威性价格的过程，这一过程所形成的期货价格对现货价格具有指引作用。期货市场是集中化的交易场所，自由报价，公开竞争，避免了现货交易中一对一的交易方式容易产生的欺诈和垄断行为。因此，期货交易发现的价格具有较高的权威性，能够比较接近地代表供求变动趋势。期货交易的参与者众多，如商品生产者、销售者、加工者、进出口商和投机者等，且大多熟悉某种商品行情，有丰富的经营知识、广泛的信息渠道和科学的分析预测方法。通过电子交易系统的集中竞价交易可以使所有交易者对供给和需求的判断都汇集在一起，有利于价格的发现。这样形成的期货价格实际上反映了大多数人的预测，因而投资者可以根据期货价格的变动来预测未来一段时间的现货价格，从而安排现货市场的生产经营或投资决策。

除此之外，期货的市场参与者为商品交易提供了流动性。期货市场的高杠杆吸引了许多以投机为目的的交易者。投机者提供源源不断的流动性交易，不仅可以使期货市场上产生连续不断、公开透明和迅速及时的远期价格信息，帮助各类企业决策生产经营活动，也可以使经济实体能够便捷自如地进入期货市场，实现套期保值和风险管理。

镍、不锈钢期货合约的国内交易地点在上海期货交易所（以下简称上期所）。上期所成立于1999年，是受中国证券监督管理委员会（以下简称证监会）集中统一监管的期货交易所。上期所以党的二十大精神为指引，在证监会党委的领导下，立足服务实体经济和国家战略、维护国家经济金融安全，履行市场一线监管职责，服务引导实体产业运用期货工具定价交易、管理风险、配置资源，助力构建现代化产业体系，保障产业链供应链安全稳定。目前，上期所（含上期能源）已上市铜、铝、锌、铅、锡、镍、国际铜、氧化铝、黄金、白银、螺纹钢、线材、热轧卷板、不锈钢、原油、燃料油、低硫燃料油、石油沥青、天然橡胶、20号胶、合成橡胶、纸浆、集运指数（欧线）等23个期货品种；铜、天然橡胶、黄金、铝、锌、原油、螺纹钢、白银、合成橡胶等9个期权品种，涵盖金属、能源、化工、服务等领域。上海国际能源交易中心股份有限公司、上海期货信息技术有限公司、上海期货与衍生品研究院有限责任公司和上海上期商务服务有限公司是上期所的下属子公司，结构如图4－1所示。

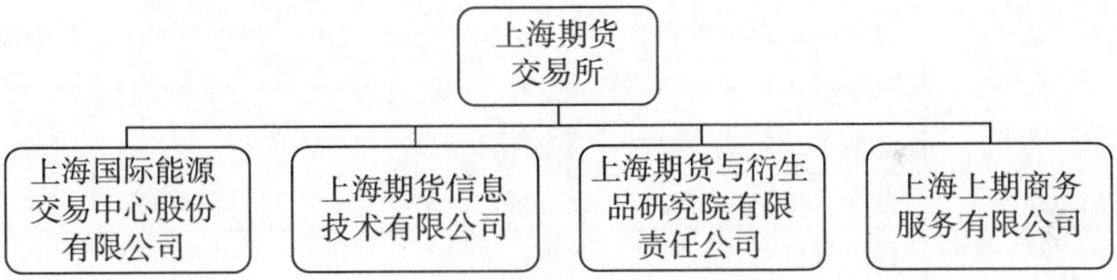

图4－1　上海期货交易所结构

资料来源：上海期货交易所。

二、镍、不锈钢期货交易的规则是什么?

期货交易的合约规则列明了交易单位、交易时间、最小变动价位、涨跌停板幅度、交割日期、交割品级、交割地点和最低交易保证金等。上期所镍期货于2015年3月27日上市，2020年5月8日《上海期货交易所镍期货合约（修订版）》及《上海期货交易所交割细则（修订版）》对参与实物交割的电解镍取消形状限制，允许其他形状的电解镍参与实物交割，2022年9月5日《上海期货交易所有色金属交割商品管理规定》（2022年8月修订版）进一步完善了镍豆交割规则。上期所不锈钢期货于 2019 年 9 月 25 日上市。镍与不锈钢期货合约的案例见表 4－1、表 4－2。

表 4－1　　上海期货交易所镍期货合约规则（修订版）

交易品种	镍
交易单位	1 吨/手
报价单位	元（人民币）/吨
最小变动价位	10 元/吨
涨跌停板幅度	上一交易日结算价 ±4%
合约月份	1～12 月
交易时间	上午 9：00～11：30，下午 1：30～3：00 和交易所规定的其他交易时间
最后交易日	合约月份的 15 日（遇国家法定节假日顺延，春节月份等最后交易日交易所可另行调整并通知）
交割日期	最后交易日后连续 2 个工作日
交割品级	标准品：电解镍，符合国标 GB/T 6516－2010Ni9996 规定，其中镍和钴的总含量不小于 99.96% 替代品：电解镍，符合国标 GB/T 6516－2010 Ni9999 规定，其中镍和钴的总含量不小于 99.99%；或符合 ASTM B39－79（2013）规定，其中镍的含量不小于 99.8%
交割地点	交易所指定交割仓库
最低交易保证金	合约价值的 5%
交割方式	实物交割
交割单位	6 吨
交易代码	NI
上市交易所	上海期货交易所

注：1. 交割单位：镍期货合约的交易单位为每手 1 吨，交割单位为每一仓单 6 吨，交割应当以每一仓单的整数倍交割。

2. 质量规定：用于本合约实物交割的电解镍，应当符合国标 GB/T 6516－2010 Ni9996 规定，其中镍和钴的总含量不小于 99.96%；每一仓单的溢短不超过 ±3%，磅差不超过 ±0.1%；每一仓单的电解镍，应当是同一生产企业生产、同一牌号、同一注册或者指定品牌、同一质量品级的商品组成；每一仓单的电解镍，应当是交易所注册或者指定的品牌，附有质量证明书；仓单应当由交易所指定交割仓库按规定验收合格后出具。

3. 交易所认可的注册品牌和指定品牌：用于实物交割的电解镍，应当是交易所注册的品牌或者认可的指定品牌。具体的注册或者指定品牌和升贴水标准，由交易所另行规定并公告。

4. 指定交割仓库：由交易所指定并另行公告，异地交割仓库升贴水标准由交易所规定并公告。

资料来源：上海期货交易所（2023 年 1 月 17 日修订版）。

表 4-2　　上海期货交易所不锈钢期货合约规则（修订版）

交易品种	不锈钢
交易单位	5 吨/手
报价单位	元（人民币）/吨
最小变动价位	5 元/吨
涨跌停板幅度	上一交易日结算价 ±4%
合约月份	1～12 月
交易时间	上午 9：00～11：30，下午 1：30～3：00 和交易所规定的其他交易时间
最后交易日	合约月份的 15 日（遇国家法定节假日顺延，春节月份等最后交易日交易所可另行调整并通知）
交割日期	最后交易日后连续 2 个工作日
交割品级	标准品为厚度 2.0mm、宽度 1219mm、表面加工类型为 2B、边部状态为切边的 304 奥氏体不锈钢冷轧卷板 替代交割品厚度可选 0.5 mm、0.6 mm、0.7 mm、0.8 mm、0.9 mm、1.0 mm、1.2 mm、1.5 mm、3.0mm，宽度可选 1000mm、1500mm，边部状态可选毛边（厚度升贴水、边部状态升贴水由交易所另行规定并公告） 质量符合 GB/T 3280-2015《不锈钢冷轧钢板和钢带》要求的 06Cr19Ni10，或者符合 JIS G 4305：2012《冷轧不锈钢钢板及钢带》的 SUS304
交割地点	交易所指定交割地点
最低交易保证金	合约价值的 5%
交割方式	实物交割
交割单位	60 吨
交易代码	SS
上市交易所	上海期货交易所

注：1. 交割单位：不锈钢期货合约的交易单位为每手 5 吨，交割单位为每一标准仓单 60 吨，交割应当以每一仓单的整数倍交割。

2. 质量规定：用于实物交割的不锈钢，质量应当符合 GB/T 3280-2015《不锈钢冷轧钢板和钢带》要求的 06Cr19Ni10，或者 JIS G 4305：2012《冷轧不锈钢钢板及钢带》的 SUS304，以及上海期货交易所规定的表面质量技术要求；每一标准仓单的不锈钢，应当是交易所批准的注册品牌或者是交易所认可的生产企业生产的指定品牌，且应当附有相应的质量证明书；每一标准仓单不锈钢，应当是同一生产企业生产、同一（注册）商标、同一牌号、同一宽度、同一厚度和同一边部状态的商品组成；不锈钢交割以净重进行计量。每一仓单的实物溢短不超过 ±5%，磅差不超过 ±0.3%；标准仓单应当由交易所指定交割仓库或者指定厂库按规定验收后出具。

3. 交易所认可的注册品牌和指定品牌：用于实物交割的不锈钢，应当是交易所注册的品牌或者认可的指定品牌。具体的注册或者指定品牌和升贴水标准，由交易所另行规定并公告。

4. 指定交割仓库：由交易所指定并另行公告，异地交割仓库升贴水标准由交易所规定并公告。

资料来源：上海期货交易所（2023 年 1 月 17 日修订版）。

三、镍、不锈钢期货交易的风控措施有什么？

为加强期货交易风险管理，维护交易当事人的合法权益，保证上期所期货交易的正常进行，交易所风险管理实行保证金、涨跌停板、持仓限额、交易限额、大户报告、强行平仓、风险警示等制度。

（一）保证金制度

在期货交易中，期货买方和卖方必须按照其所买卖期货合约价值的一定比率缴纳资金，用于结算和保证履约。根据上期所的品种手册，镍、不锈钢的最低交易保证金为合约价值的 5%，并根据期货合约上市运行的不同阶段（即：从该合约新上市挂牌之日起至最后交易日止）指定不同的交易保证金收取标准。如表 4－3 所示，通常临近交割时保证金会有所提升。当某镍、不锈钢期货合约累计涨跌幅达到一定条件时，交易所可以根据市场情况，采取单边或者双边、同比例或者不同比例、部分会员或者全部会员提高交易保证金，限制部分会员或者全部会员出金，暂停部分会员或者全部会员开新仓，调整涨跌停板幅度，限期平仓，强行平仓等措施中的一种或者多种措施。此外，如遇国家法定节假日，交易所亦会发布有关保证金调整的公告。主要原因在于规避价格过度波动的风险，抑制过度交易的行为（见表 4－4）。

表 4－3　　镍与不锈钢最低交易保证金案例

交易时间段	镍交易保证金比例（%）	不锈钢交易保证金比例（%）
合约挂牌之日起	5	5
交割月前第一月的第一个交易日起	10	10
交割月份第一个交易日起	15	15
最后交易日前第二个交易日起	20	20

资料来源：上海期货交易所。

表 4－4　　镍与不锈钢期货合约累计涨跌幅案例

期货合约	累计涨跌幅
镍期货合约	连续三个交易日的累计涨跌幅（N）达到 10%；或者连续四个交易日的累计涨跌幅（N）达到 12%；或者连续五个交易日的累计涨跌幅达到 14%
不锈钢期货合约	连续三个交易日的累计涨跌幅（N）达到 7.5%；或者连续四个交易日的累计涨跌幅（N）达到 9%；或者连续五个交易日的累计涨跌幅达到 10.5%

资料来源：上海期货交易所。

（二）涨跌停板制度

涨跌停板制度又称每日价格最大波动限制，由上期所制定上市期货合约的每日最大价格波动幅度，期货合约在一个交易日中的交易价格波动不得高于或者低于规定的涨跌幅度，超过该涨跌幅度的报价将被视为无效。以 2023 年 1 月 17 日上海期货交易所修订版的合约为例，镍、不锈钢的涨跌停板幅度均为上一交易日结算价 ±4%。当期货合约价格出现同方向连续涨跌停板、遇国家法定长假、上期所认为市场风险明显变化时，或上期所认为必要的其他情况时，上期所可以根据市场风险调整其涨跌停板幅度。

（三）持仓限额制度

持仓限额是指上期所规定的会员或者客户对某一期货合约单边持仓的最大数量，从而有效地限制持仓大户对盘面价格的操纵行为（见表 4－5）。

表 4-5　　镍、不锈钢期货合约的限仓比例和限仓数额具体规定

<table>
<tr><td>交易时间段</td><td colspan="2">合约挂牌至交割月份</td><td colspan="3">合约挂牌至交割月前第二月的最后一个交易日</td><td colspan="2">交割月前一月</td><td colspan="2">交割月份</td></tr>
<tr><td rowspan="2">合约挂牌之日起</td><td rowspan="2">某一期货合约持仓量</td><td>限仓比例（%）</td><td rowspan="2">某一期货合约持仓量</td><td colspan="2">限仓比例（%）和限仓数额（手）</td><td colspan="2">限仓数额（手）</td><td colspan="2">限仓数额（手）</td></tr>
<tr><td>期货公司会员</td><td>非期货公司会员</td><td>客户</td><td>非期货公司会员</td><td>客户</td><td>非期货公司会员</td><td>客户</td></tr>
<tr><td rowspan="2">镍</td><td rowspan="2">≥12万手</td><td rowspan="2">25</td><td>≥12万手</td><td>10</td><td>10</td><td rowspan="2">1800</td><td rowspan="2">1800</td><td rowspan="2">600</td><td rowspan="2">600</td></tr>
<tr><td><6万手</td><td>6000</td><td>6000</td></tr>
<tr><td rowspan="2">不锈钢</td><td rowspan="2">≥7万手</td><td rowspan="2">25</td><td>≥7万手</td><td>10</td><td>10</td><td rowspan="2">1800</td><td rowspan="2">1800</td><td rowspan="2">360</td><td rowspan="2">360</td></tr>
<tr><td><7万手</td><td>7000</td><td>7000</td></tr>
</table>

注：表中持仓量、限仓数额为单向计算；期货公司会员的限仓比例为基数。

资料来源：上海期货交易所。

（四）交易限额制度

交易限额是指上交所规定的会员或者客户对某一合约在某一期限内开仓交易的最大数量，交易所可根据市场情况，对不同的上市品种、合约，对部分或者全部会员、特定客户，制定日内开仓交易量。

（五）大户报告制度

大户报告制度是指，当会员或者客户某品种持仓合约的投机头寸达到上期所对其规定的投机头寸持仓限额80%以上（含本数）或者上期所要求报告的，会员或者客户应当向上期所报告其资金情况、头寸情况，客户应当通过期货公司会员报告。上期所可以根据市场风险状况，制定并调整持仓报告标准。

（六）强行平仓制度

为控制市场风险，上期所实行强行平仓制度。强行平仓是指当会员、客户违规时，上期所对其有关持仓实行平仓的一种强制措施。

（七）风险警示制度

当上期所认为必要时，可以分别或者同时采取要求报告情况、谈话提醒、书面警示、公开谴责、发布风险警示公告等措施中的一种或者多种，以警示和化解风险。

四、镍、不锈钢期货如何交割？

（一）镍、不锈钢的交割方式

在期货合约到期时，未平仓合约的持有者应当以实物交割的方式履约。实物交割是指交易双方通过该期货合约所载商品所有权的转移，了结到期未平仓合约的过程。需要指出的是，能够进入交割月进行交割的客户须满足以下三点：法人企业，其交割品种在公司营业执照经营范围内，该品种销售时可对外交付或者接收增值税专用发票。

实物交割期为合约最后交易日后的连续两个工作日，这两个工作日分别称为第一、第二交割日，第二交割日为最后交割日。第一交割日买方提交意向，卖方提交标准仓单，第二交割日交易所分配标准仓单，买方交款取单、卖方收款（见图4-2）。

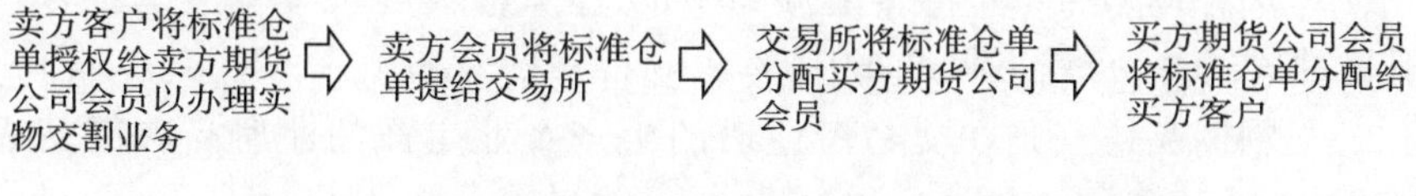

图4-2　标准仓单在交易所进行实物交割的流转程序

资料来源：上海期货交易所。

（二）入库和出库

货主向指定仓库发货前，应当办理入库申报（交割预报），包括品种、等级（牌号）、商标、数量、发货单位及拟入指定交割仓库名称，并提供各项单证等。客户应当委托期货公司会员办理交割预报（入库申报）手续。

交易所在库容允许的情况下，考虑货主意愿，在三个交易日内决定是否批准入库。货主应当在交易所规定的有效期内向已批准的入库申报中确定的指定交割仓库发货。未经交易所批准入库或未在规定的有效期内入库的商品不能用于交割。

商品运抵指定交割仓库后，指定交割仓库按交易所有关规定对到货及相关凭证进行验核。验收完毕后，指定交割仓库应当将入库验收的结果输入标准仓单管理系统。会员向交易所提交制作标准仓单申请，在获得交易所批准后，指定交割仓库方可签发标准仓单。商品到库验收时，货主应当到指定交割仓库监收；货主不到库监收的，视为货主同意指定交割仓库验收结果。

标准仓单合法持有人提货时，指定交割仓库在对标准仓单审核无误后予以发货。货主可以自行到库提货或委托指定交割仓库代为发运，但委托指定交割仓库代为发运时货主应当到库监发。货主不到库监发，视为认可指定交割仓库发货无误。

指定交割仓库发货时，应当及时填制《标准仓单出库确认单》（一式两份，货主和指定交割仓库各执一份），并妥善保管备查。

（三）有关电解镍交割的注意事项

1. 交割单位为6吨。每张标准仓单所列电解镍的重量为6吨，实物溢短不超过±3%，磅差不超过±0.1%。

2. 交割商品应当是在交易所注册的生产企业生产的注册品牌商品或者交易所认可的生产企业生产的指定品牌商品。

3. 镍板（整板）的包装要求：每一交割单位的电解镍应当是同一生产企业生产、同一牌号、同一注册或者指定品牌、同一质量品级、同一块形、捆重近似的商品组成。生产企业自行选定注册产品捆重，但要利于组手，每捆包装采用30~32mm×0.9~1.00mm表面作防锈处理的钢带“井”字形捆扎（或者坚固程度相当的钢带捆扎方式），捆扎应当坚固，同时标有醒目的、不易脱落的产品标识。到库商品中，遇有包装钢带断裂或严重锈蚀的捆件及散块商品，应当重新组合，用规定的钢带捆扎紧固，方可用于交割。包装费用由货主承担。

镍豆的包装要求：每一交割单位的电解镍应当是同一生产企业生产、同一牌号、同一注册或者指定品牌、同一质量品级的商品组成。包装可选用袋装或桶装，生产企业自行选定袋重或者桶重，但要利于组手，同时标有醒目的、不易脱落的产品标识。到库商品中，遇有包装破损的商品，应当重新包装，包装费用由货主承担。

4. 国产商品应当提供注册生产企业出具的产品质量证明书；进口商品应当提供产品质量证明书、产地证明书、商检证书、海关进口关税专用缴款书、海关代征增值税专用缴款书，经上期所审定合格为有效。

5. 用于镍期货交割的电解镍应当存放在室内库房。

6. 实物交割完成后，若买方对交割商品的质量、数量有异议的，应当在实物交割月份的下一月份的15日之前（含当日，遇法定假日时顺延至假日后的第一个工作日），向交易所提出书面申请，并应当同时提供交易所指定的质量监督检验机构出具的质量鉴定结论。逾期未提出申请的，视为买方对所交割商品无异议，交易所不再受理交割商品有异议的申请。

7. 交割电解镍（整板）注册商标、包装标准及升贴水标准：截至2022年底上期所镍期货交割品牌包括国内外10个品牌，分别为金川集团的金驼品牌、新疆新鑫的博峰品牌、吉林吉恩的吉恩品牌和四川国润的国润品牌（已停产），以及来自俄罗斯诺里尔斯克镍业和挪威嘉能可生产的产品等（见表4-6）。

表4-6　上海期货交易所电解镍（整板）注册品牌

序号	国别	注册企业	产地	注册日期	商标	品级/规格	升贴水	外形尺寸（mm）	捆重（kg）	捆/手
1001	中国	金川集团股份有限公司	甘肃金昌	2015年3月	金驼	Ni9996（电解）	标准价	880×860×3	1500	4
						Ni9996（电积）				

续表

序号	国别	注册企业	产地	注册日期	商标	品级/规格	升贴水	外形尺寸（mm）	捆重（kg）	捆/手
1002	中国	四川省尼科国润新材料有限公司	四川彭山	2015年3月	国润	Ni9996（电积）	标准价	910×910×4	1500	4
1004	中国	新疆新鑫矿业股份有限公司	新疆阜康	2015年3月	博峰	Ni9996（电积）	标准价	950×850×4	1500	4
1005	中国	吉林吉恩镍业股份有限公司	吉林磐石	2015年3月	吉恩	Ni9996（电解）	标准价	910×900×8	1500	4
1006	中国	陕西华泽镍钴金属有限公司（暂停交割）	陕西西安	2015年3月	雪花	Ni9996（电解）	标准价	800×700×6	1000	6
2001	俄罗斯	诺里尔斯克镍业采矿冶金股份公司	诺里尔斯克	2015年6月	NORILSK COMBINE H-1	Ni99.8（电解）	标准价	985×800×3~8	1500	4
2002	俄罗斯	诺里尔斯克镍业采矿冶金股份公司	蒙切戈尔斯克	2015年6月	SEVERONICKEL COMBINE H-1	Ni99.8（电解）	标准价	1135×935×3~6	1500	4
2003	俄罗斯	诺里尔斯克镍业采矿冶金股份公司	蒙切戈尔斯克	2015年6月	SEVERONICKEL COMBINE H-1Y	Ni99.8（电解）	标准价	1135×935×3~6	1500	4
2004	俄罗斯	诺里尔斯克镍业采矿冶金股份公司	蒙切戈尔斯克	2020年2月	NORNICKEL	Ni99.8（电积）	标准价	1340×935×3~12	1500	4
2005	挪威	嘉能可（加拿大）公司	挪威克里斯蒂安桑	2021年5月	NIKKELVERK	Ni99.8（电积）	标准价	1280×720×9~12	1000	6

注："NORILSK COMBINE H-1"牌电解镍自2021年3月17日起停止期货入库制作标准仓单。

资料来源：上海期货交易所。

8. 电解镍期货指定交割仓库的仓库名单（见表4－7）。

表4－7 电解镍期货指定交割仓库名单

序号	仓库名称	存放地址	到达站/港	异地升贴水标准
1	上海国储天威仓储有限公司	上海市嘉定区黄渡工业园区星塔路1289号	黄渡站（国家物资储备局上海七处）	标准价
2	中储发展股份有限公司	上海市宝山区南大路137号	桃浦站（中储大场公司专用线）	标准价
		江苏无锡市城南路32－1号	周泾港	标准价
3	上港物流金属仓储（上海）有限公司	上海市宝山区安达路240号	4～9外贸五条专用线	标准价
4	国家粮食和物资储备局山东局八三二处	青岛市城阳区文阳路988号	山东物资储备局832处专用线	标准价
5	国家粮食和物资储备局浙江局八三七处	宁波镇海区大通路331号	镇海西站（国家物资储备局浙江八三七处专用线）	标准价
6	宁波港九龙仓仓储有限公司	宁波镇海区平海路299号	浙江宁波镇海西站	标准价
7	宁波保税区高新货柜有限公司	宁波保税西区创业六路六号	无	标准价
8	常州融达现代物流有限公司	常州市钟楼区新闸镇运河路298号	新闸站（常州融达现代物流有限公司专用线）	标准价
9	中国外运华东有限公司	上海市逸仙路4088号	上海铁路局何家湾站外贸五条专用线	标准价
10	中远海运物流有限公司	上海浦东新区临港自营物流园区捷畅路156号	无	标准价
		上海市宝山区宝杨路2249号	无	标准价

续表

序号	仓库名称	存放地址	到达站/港	异地升贴水标准
11	中国农业生产资料集团公司	上海市闵行区通海路275号	上海中农吴泾农资有限公司闵行站农资专用线	标准价
12	上海鑫依物流有限公司	上海市洋山中国（上海）自由贸易试验区汇港路255号	无	标准价

资料来源：上海期货交易所。

9. 交割仓库收费标准（见表4-8）。

表4-8　　镍交割仓库收费标准

仓储租金	标准
库房	镍1.25元/吨·天
进库费用	
1. 专用线	35元/吨
2. 非箱式车辆自送	30元/吨
3. 箱式车自送（包括集装箱车辆）	40元/吨
出库费用	
1. 专用线	35元/吨
2. 非箱式车辆自提	25元/吨
3. 箱式车辆自提（包括集装箱车辆）	35元/吨
代办车皮申请	5元/吨
代办提运	2元/吨
打包费	40元/吨
过户费	3元/吨

资料来源：上海期货交易所。

（四）有关不锈钢交割的注意事项

1. 交割单位为60吨。交割不锈钢按净重进行计量。每张不锈钢标准仓单的实物溢短不超过±5%，磅差不超过±3%。

2. 可以进行交割不锈钢应当是在交易所注册的生产企业生产的注册品牌，或者是交易所认可的生产企业生产的指定品牌（由交易所规定并公告）。交割不锈钢的表面质量检验按照《上海期货交易所钢材交割商品注册管理规定》执行。不锈钢仓库标准仓单有效期限为该批次产品最早生产日起的 360 天内。不锈钢厂库标准仓单的有效期为厂库标准仓单生成之日起的 315 天内。

3. 每一标准仓单不锈钢应当是同一生产企业生产、同一（注册）商标、同一牌号、同一宽度、同一厚度和同一边部状态的商品组成。

4. 交割不锈钢标志以及质量证明书等应当符合 GB/T 3280－2015《不锈钢冷轧钢板和钢带》或者 JIS G 4305：2012《冷轧不锈钢钢板及钢带》的规定。交割不锈钢的包装应当符合《上海期货交易所钢材交割商品注册管理规定》的规定。用于交割的不锈钢每一仓单的标的实物应当作为一个堆放垛位进行堆放。

5. 交割商品应当提供注册生产企业或者交易所认可生产企业出具的产品质量证明书。

6. 卖方应当在最后交易日后五个工作日内提交增值税专用发票。买卖双方在当日 14：00 之前办妥标准仓单、增值税专用发票、货款等交割事宜的，交易所当日即清退其相应的交割部位保证金；当日 14：00 之后办妥的，交易所将在下一交易日结算时清退交割部位保证金。

7. 包装以及表面质量异议不属于交割违约。货主对不锈钢商品包装或者表面质量如麻点、擦划伤、海水浸泡痕迹等提出异议的，应当由生产企业、指定交割仓库、卖方或者首次制成仓单的一方配合解决。指定检验机构可以根据货主等异议主体的申请，按照《上海期货交易所钢材交割商品注册管理规定》出具质量检验报告。检验报告的结果仅适用于被检验的该卷货物。

8. 不锈钢注册商标、包装标准及升贴水标准：截至 2022 年底，上期所允许交割的不锈钢品牌主要包括国内 9 种品牌，分别为宁波宝新的宝新品牌、宝钢德胜的宝钢品牌、酒泉钢铁的 JISCO 品牌、鞍钢联众的联众品牌、福建甬金和江苏甬金的 YJKJ 品牌、宏旺控股的宏旺品牌、诚德新材料的佛山诚德品牌和本钢集团的本钢品牌（见表 4－9）。

表 4－9　　上海期货交易所不锈钢注册品牌

序号	注册企业	产地	注册日期	商标	牌号	边部状态	卷重范围（吨）
1	宁波宝新不锈钢有限公司	浙江宁波	2019 年 9 月	宝新（图形商标）	SUS304	切边/毛边	5～25
2	宝钢德盛不锈钢有限公司	福建福州	2019 年 9 月	宝钢不锈钢	SUS304	毛边	5～25
3	酒泉钢铁（集团）有限责任公司	甘肃嘉峪关	2019 年 9 月	JISCO（图形商标）	SUS304	切边	5～25
4	鞍钢联众（广州）不锈钢有限公司	广东广州	2019 年 9 月	联众（图形商标）	06Cr19Ni10 SUS304	切边/毛边	5～25
5	福建甬金金属科技有限公司	福建福安	2019 年 9 月	YJKJ（图形商标）	SUS304	切边/毛边	5～25
6	江苏甬金金属科技有限公司	江苏南通	2019 年 9 月	YJKJ（图形商标）	06Cr19Ni10	毛边	5～25
7	宏旺控股集团有限公司	福建福安	2019 年 9 月	宏旺（图形商标）	SUS304	毛边	5～25
		山东临沂	2019 年 9 月				
		广东肇庆	2020 年 2 月				
8	佛山市诚德新材料有限公司	广东佛山	2019 年 9 月	佛山诚德（图形商标）	06Cr19Ni10 SUS304	切边/毛边	5～25
9	本钢集团有限公司	辽宁丹东	2020 年 1 月	本钢（图形商标）	SUS304	切边/毛边	5～25
10	广西北港不锈钢有限公司	广西北海	2023 年 4 月	北部湾新材料（图形商标）	SUS304	毛边	5～25
11	PT YONG WANG INDONESIA	印度尼西亚	2023 年 12 月	YONG WANG（图形商标）	06Cr19Ni10	切边/毛边	5～25

注：执行标准 GB/T 3280－2015、JIS G4305：2012。

9. 不锈钢期货指定交割仓库：2022 年 7 月 14 日，上期所新增广东炬申仓储有限公司位于广东省佛山市的物流中心为不锈钢期货指定交割仓库。至此，不锈钢期货指定交割仓库由 3 个增加至 4 个（见表 4－10）。

表 4－10　　不锈钢期货指定交割仓库

编号	指定交割仓库名称	存放地址
1	中储发展股份有限公司	江苏省无锡市新吴区城南路 32－1 号
2	五矿无锡物流园有限公司	江苏省无锡市惠山区天港路 1 号
3	玖隆钢铁物流有限公司	江苏省张家港市锦丰镇江苏扬子江国际冶金工业园锦绣路 181 号
4	广东炬申仓储有限公司	广东省佛山市南海区丹灶镇丹灶物流中心金泰路 1 号

资料来源：上海期货交易所。

10. 不锈钢期货交割仓库收费标准（见表 4－11）。

表 4－11　　不锈钢期货交割仓库收费标准

仓储租金	标准
库房	0.8 元/吨·天
进库费用	
1. 专用线	25 元/吨
2. 码头	25 元/吨
3. 自送	20 元/吨
出库费用	
1. 专用线	25 元/吨
2. 码头	25 元/吨
3. 自提	20 元/吨
过户费	3 元/吨

资料来源：上海期货交易所。

（五）交割违约规定

通常来说，交易的合约离最后交易日越近，交易所收取的保证金也会越高，买卖双方违约的可能性较小。而当出现下列行为之一的，构成交割违约：

1. 在规定交割期限内卖方未能如数交付标准仓单的；

2. 在规定交割期限内买方未能如数解付货款的；

3. 交易所认定的其他违约行为。

发生交割违约后，交易所于违约发生当日 16：30 以前通知违约方和相对应的守约方。违约通知通过会员服务系统发送，会员服务系统一经发送，即视为已经送达。构成交割违约的，由违约方支付违约部分合约价值（按交割结算价计算）20% 的违约金给守约方。交易所退还守约方的货款或者标准仓单，终止本次交割。若买卖双方都违约的，交易所按终止交割处理，并对双方分别处以违约部分合约价值 5% 的违规惩罚金。

自测题

1. 镍、不锈钢期货合约均在（　　）上市。

A. 广州期货交易所　　B. 上海期货交易所

C. 郑州商品期货交易所　　D. 大连商品交易所

2. 镍期货合约交易单位为（　　），交割单位为（　　）。

A. 1 吨/手；10 吨　　B. 5 吨/手；6 吨

C. 1 吨/手；6 吨　　D. 1 吨/手；6 吨

3. 镍期货合约最低交易保证金为（　　）。

A. 5%　　B. 10%

C. 15%　　D. 20%

4. 镍期货合约每一仓单的实物溢短不超过（　　），磅差不超过(　　)。

A. ±10%； ±0.3%　　B. ±3%； ±0.1%

C. ±10%； ±1%　　D. ±5%； ±1%

5. 不锈钢期货合约最小变动价位为（　　）。

A. 5 元/吨　　B. 10 元/吨

C. 6 元/吨　　D. 12 元/吨

6. 不锈钢期货合约交易单位为（　　），交割单位为（　　）。

A. 6 吨/手；10 吨　　　　B. 5 吨/手；10 吨

C. 6 吨/手；60 吨　　　　D. 5 吨/手；60 吨

7. 交易所在第（　　）个交割日分配标准仓单。

A. 一　　　　B. 二

C. 三　　　　D. 每日均可

8. 发生交割违约后，交易所于违约发生当日（　　）以前通知违约方和相对应的守约方。

A. 9：30　　　　B. 11：30

C. 13：30　　　　D. 16：30

9. 不锈钢期货合约的交易单位为（　　）吨/手。

A. 20　　　　B. 1

C. 10　　　　D. 5

10. 涨跌停板制度又称（　　）。

A. 风险警示制度　　　　B. 强行平仓制度

C. 风险警示制度　　　　D. 每日价格最大波动限制

参考答案

1. B　2. C　3. A　4. B　5. A　6. D　7. B　8. D　9. D　10. D

第五章

解读海外镍期货合约和交易规则

一、海外镍期货合约在哪里交易?

海外镍期货合约主要的交易市场为伦敦金属交易所（London Metal Exchange，LME）。LME 成立于 1877 年，是工业金属的全球交易中心，大部分有色金属期货业务都在该平台进行。LME 为交易者提供了对冲金属价格涨跌风险的场所、值得信任的参考价格以及健全和规范的监管体系。因此，全球金属的生产商、消费商和贸易商都不同程度地参与了 LME 交易市场。

LME 有三种交易方式：场内交易（Ring + Kerb）、电子盘交易（LME Select）和办公室间交易（Inter - Office）。（1）场内交易已历经 100 多年，交易员通过公开喊价的方式进行交易，这是一种传统的高度透明的方式。场内交易包括 Ring 交易和 Kerb 交易两部分。Ring 交易时间内，每种金属轮流单独交易 5 分钟；Kerb 交易时间内，所有金属可以同时交易。场内交易时间为 11：40～17：00（伦敦时间），上午两节 Ring 交易，下午 Ring 交易和 Kerb 交易各一节。（2）LME Select 电子交易平台于 2001 年建立，为会员提供电子化的交易服务。早期 LME Select 主要服务于经纪公司，但随着市场透明化，大客户也开始使用 LME Select。电子盘交易时间为 1：00～19：00（伦敦时间）。（3）办公室间交易是由经纪公司或经纪商代理客户通过电话或网络进行的交易，不受地点限制，且可以 24 小时不间断地交易。目前，办公室间交易主要市场为伦敦、纽约、亚洲，流动性较大。

LME 采取分级会员制度，会员职能各异，共有 7 类会员，包括场内会员、经纪清算会员、交易清算会员、经纪会员、交易会员、个人会员和荣誉会员，具体如表 5－1 所示。

表 5－1　　LME 会员分级表

会员层级	会员名称	场内交易	电子盘交易	办公室间交易	LME 清算所会员	发布 LME 注册客户合同
第 1 类	场内会员	√	√	√	√	√
第 2 类	经纪清算会员		√	√	√	√
第 3 类	交易清算会员		√	√	√	
第 4 类	经纪会员		√	√		√
第 5 类	交易会员	业内参与者，第 1 类、2 类、4 类会员的客户				
第 6 类	个人会员	希望与 LME 保持密切联系的业内个人				
第 7 类	荣誉会员	由董事会酌情决定授予个人的荣誉会员				

资料来源：伦敦金属交易所。

LME 镍期货合约的规则与上期所有所不同，具体交易规则如表 5－2 所示。

表 5－2　　LME 市场镍期货的合约规则

交易代码	NI
交割品级	符合 B39－79（2018）规定，镍纯度不低于 99.80%
交易单位	6 吨/手

续表

交割日期	日度：3个月内 周度：3~6个月 月度：7~63个月		
报价单位	美元/吨		
结算货币	美元、日元、英镑、欧元		
最小变动价格（每吨）	交易方式	直接（Outright）	调期（Carries）
	场内交易	5.00美元	0.01美元
	电子盘	5.00美元	0.01美元
	办公室间交易	0.01美元	0.01美元
最后交易日	交割日期前一天第一节场内交易结束		
交割方式	实物交割		
交易场所	场内交易、电子盘、办公室间交易		
保证金	价格变动保证金		

资料来源：伦敦金属交易所。

LME在推出镍期货合约的基础上，又先后推出了镍期权合约（Options）、结算价交易机制（Trade at settlement）、交易平均价期权（Traded Average Price Options，TAPOs）和月度平均期货（Monthly Average Futures），从而为参与者提供更多的保值工具，有助于参与者根据自身需求制定有针对性的保值或投资策略。

二、LME镍合约与沪镍合约的最后交易日有何不同？

最后交易日是指某一合约进行交易的最后一个交易日，期货合约最后交易日后未平仓合约应当进行交割。

LME镍合约的最后交易日为交割日前一天第一节场内交易结束。LME三个月期货合约为连续合约，即每个交易日都会自动生成一张当日的新合约，到期日为三个月后的当天。沪镍合约为月度合约，规定最后交易日为合约月份的第15日（遇国家法定节假日顺延，春节月份等最后交易日交易所可另行调整并通知）。

此外，LME三个月合约为连续合约，不同到期日的合约不能互相平仓，而是两个不同的敞口合约，因此需要通过调期将交割日调整为同一天进行对冲平仓，即进行买卖方向相反，合约到期日不一样的两个交易。例如：8月25日买入1手伦镍，到期日为11月25日；8月26日卖出1手伦镍，到期日为11月26日。将卖出的1手伦镍到期日从11月26日调整至11月25日需买进1手8月26日的伦镍同时卖出1手8月25日的伦镍。由于不同到期日的合约存在升贴水和市场行情的差别，因此调期时涉及调期费。调期费由交易会员报价，在计算时需考虑升贴水、供需关系、市场结构、交易方向等。由于LME实行到期日结算制度，即使平仓，LME的合约仍会以锁单的形式体现在客户账单的持仓中，直至到期日当天客户才能获得盈利。

三、LME镍合约与沪镍合约的保证金措施区别在哪？

LME的保证金通过LME旗下的清算所——伦敦金属交易清算所（LME Clear）完成。清算所为中央对手方，对清算会员收取、清算保证金，清算会员对客户收取、清算保证金。清算所在清算保证金时采取混合型账户方式，即清算会员代理客户之间的风险敞口可以对冲，从而可以少交保证金，甚至不交保证金。在此背景下，清算会员对大客户往往会以授信替代初始保证金。这种制度不利于LME防范系统风险和打击市场操纵，如果出现大面积客户、会员违约，则会对LME造成巨大损失，引发市场的系统性风险。LME在镍期货合约中实施价格变动保证金制度，即买卖双方均要在清算所存入能够大致代表合理预期下的合约金额的每日最大变化值的保证金，如果保证金低于合约价值则需补足。

上期所则采取每日无负债结算制度，即每日需追加损失的保证金，或提取盈利，从而有效地控制风险。沪镍合约规定的最低交易保证金为合约价值的5%，根据合约上市运行的不同阶段设置不同标准。自合约挂牌之日起，保证金比例为5%；交割月前第一月的第一个交易日起，保证金比例为10%；交割月份第一个交易日起，保证金比例为15%；最后交易日前第二个交易日起，保证金比例为20%。

四、LME 镍合约与沪镍合约的涨跌停板措施有何区别?

2022年3月之前，LME并未设置涨跌停板制度，有利于提高市场流动性并发挥价格发现的功能，同时还可提高交易活跃度，但容易导致短时价格波动剧烈，不仅会给会员或客户带来重大损失，更会导致“穿仓”现象的发生，引发系统性风险。2022年3月起，LME出台了涨跌停板措施，以避免市场风险的出现。根据22/067号文件，自2022年3月15日起，针对三个月的LME镍合约，每日最大涨跌幅度为前一个交易日的收盘价±5%。随后在22/080号文件中规定，自2022年3月21日起，每日最大涨跌幅度调整为前一个交易日的收盘价±15%。

沪镍合约规定涨跌停板幅度为上一交易日结算价±4%。当期货合约价格出现同方向连续涨跌停板时，或遇国家法定长假时，或上期所认为市场风险明显变化时，或上期所认为必要的其他情况时，上期所可以根据市场风险调整其涨跌停板幅度。

五、LME 与 SHFE 交割品形态和品牌有什么差异?

LME镍期货合约规定交割品级为符合美国原材料检测协会ASTM B39－

79（2018）的镍板（整板或切割）、镍豆、镍饼和镍珠，镍纯度不低于99.80%。LME的交割品牌更加丰富（见表5-3）。

表5-3　　　　　　　　　LME镍交割品牌

国家/地区	商标	Sword代码	生产商	交割品形态	仓单签发
澳大利亚	BHP BILLITON NICKEL BRIQUETTES	BHP	BHP Billiton Nickel West Pty Ltd	散装/袋装镍豆	指定日期（2022年11月23日）起不能签发新的仓单
	BHP NICKEL BRIQUETTES	BHPNB	BHP Nickel West Pty Ltd	袋装镍豆	可签发
	MINARA HIGH GRADE NICKEL BRIQUETTES	MINARA	Minara Resources Pty Ltd	散装/袋装镍豆	可签发
巴西	TOCANTINS	TOCANT	Votorantim Metais S. A.	切割/整板阴极镍	不可签发新仓单
加拿大	SHERRITT NICKEL BRIQUETTES	SHERRI	The Cobalt Refinery Company Inc	散装/袋装镍豆	可签发
	VALE MELT ROUNDS	VLMR	Vale Canada Limited	袋装镍珠	可签发
	VALE NICKEL PELLETS	VALPC	Vale Canada Limited	散装/袋装镍球	可签发
	VALE PLATING ROUNDS	VLPR	Vale Canada Limited	袋装镍珠	可签发
中国	凯实	CASHNI	烟台凯实工业有限公司	整板阴极镍	可签发
	金驼	JINTUO	金川集团股份有限公司	切割/整板阴极镍	可签发
芬兰	NORILSK NICKEL HARJAVALTA CATHODES	NORIL	Norilsk Nickel Harjavalta Oy	切割/整板阴极镍	可签发

续表

国家/地区	商标	Sword 代码	生产商	交割品形态	仓单签发
芬兰	NORILSK NICKEL HARJAVALTA BRIQUETTES	NORILB	Norilsk Nickel Harjavalta Oy	散装镍豆	可签发
法国	NICKEL HP	NICKHP	Sibanye – Stillwater Sandouville Refinery	切割/整板阴极镍	可签发
日本	SUMITOMO METAL MINING CO. LTD	SUMMET	Sumitomo Metal Mining Co. , Ltd.	切割阴极镍	可签发
	SMM	SMM	Sumitomo Metal Mining Co. , Ltd.	整板阴极镍	可签发
马达加斯加	AMBATOVY NICKEL BRIQUETTES	AMBATO	Dynatec Madagascar S. A. a “société anonyme”	散装/袋装镍豆	可签发
挪威	NIKKELVERK NICKEL	NIKKN	Glencore Nikkelverk AS	切割/整板阴极镍	可签发
俄罗斯	NORNICKEL	NORNI	JSC “Kola GMK”	整板阴极镍	不可签发新仓单
	SEVERONICKEL COMBINE H – 1	SEVH1	JSC “Kola GMK”	切割/整板阴极镍	可签发
	SEVERONICKEL COMBINE H – 1Y	SEVH1Y	JSC “Kola GMK”	切割/整板阴极镍	可签发
南非	IMPALA NICKEL	IMPALA	Impala Platinum Ltd	散装镍豆	可签发
	RPM NICKEL	RPM	Rustenburg Platinum Mines Limited	切割/整板阴极镍	可签发
英国	VALE NICKEL PELLETS	VALPW	Vale Canada Limited produced by Vale Europe Limited	散装/袋装镍珠	可签发
津巴布韦	BCL EMPRESS	BCLEMP	RioZim Limited	切割/整板阴极镍	不可签发新仓单

资料来源：伦敦金属交易所。

上期所镍期货合约规定标准品为符合国标 GB/T 6516－2010Ni9996 规定的电解镍，其中镍和钴的总含量不小于 99.96%。替代品为符合国标 GB/T 6516－2010 Ni9999 规定的电解镍，其中镍和钴的总含量不小于 99.99%，或符合 ASTM B39－79（2013）规定，其中镍的含量不小于 99.8%。国产品镍板按照 GB/T 8647 执行，国外品镍板参照 ASTM B39－79 标准要求执行。2022 年 9 月 5 日，上期所发布的《上海期货交易所有色金属交割商品管理规定》（2022 年 8 月修订版），将镍豆纳入可交割资源量。镍豆的交割参照 ATSM B39－79 最新版镍的标准规格中 Ni99.80 牌号的相关要求，按 ASTM E39 最新版镍的化学分析方法和 B/T8647 镍化学分析方法或其他认可方法执行。可交割品牌见第四章。

因此，LME 与上期所两家交易所，在镍交割品的交割形态方面有差异。LME 对镍交割品的形状要求较为宽泛，且提供了细节化的包装要求；而上期所则仅涉及镍板（整板）和镍豆。

六、LME 镍交割仓库的分布在哪里？

LME 是个全球性的市场，LME 镍交割仓库在全球均有分布，主要国家/地区包括比利时、德国、意大利、日本、韩国、马来西亚、荷兰、新加坡、西班牙、瑞典、中国台湾、阿联酋、英国、美国等，主要的仓库公司包括 C. Steinweg Warehousing（FE）Pte Ltd（CSTPTE）、P Global Services NV（PGSPAC）、Access World Logistics（Singapore）Pte. Ltd.（PACSEM）、Henry Bath Singapore Pte Ltd（HBSING）等（见表 5－4）。此外，从精炼镍库存对比来看，LME 高于上期所（见图 5－1）。

表 5－4　LME 镍交割仓库情况

国家/地区	地点	仓库公司代码	国家/地区	地点	仓库公司代码
比利时	安特卫普	4STOX	荷兰	鹿特丹	ICLBV
比利时	安特卫普	CSTNV	荷兰	鹿特丹	BTGUK

续表

国家/地区	地点	仓库公司代码	国家/地区	地点	仓库公司代码
比利时	安特卫普	CPEU	荷兰	鹿特丹	MTRANS
比利时	安特卫普	ERUSUK	荷兰	鹿特丹	PGSPAC
比利时	安特卫普	PGSPAC	荷兰	鹿特丹	VHWROT
比利时	安特卫普	ZUINV	荷兰	弗利辛根	HAVEN
德国	汉堡	CSTEIN	荷兰	弗利辛根	ISTUK
意大利	热那亚	GMTSRL	荷兰	弗利辛根	BTGUK
意大利	里窝那	BPASRL	荷兰	弗利辛根	VERVLI
意大利	里窝那	FLBART	新加坡	新加坡	PACSEM
意大利	的里雅斯特	GMTSRL	新加坡	新加坡	CSTPTE
意大利	的里雅斯特	PGSPAC	新加坡	新加坡	MACNEL
韩国	釜山	PACSEM	新加坡	新加坡	NESI
韩国	釜山	CSTPTE	新加坡	新加坡	HBSING
韩国	釜山	NESI	新加坡	新加坡	ISTSIN
韩国	釜山	HBSING	西班牙	巴塞罗那	CSTHAN
韩国	釜山	ISTUK	西班牙	巴塞罗那	PGSPAC
韩国	釜山	PGSPAC	西班牙	毕尔巴鄂	BARMET
韩国	光阳	PACSEM	西班牙	毕尔巴鄂	CSTHAN
韩国	光阳	CSTPTE	西班牙	毕尔巴鄂	PGSPAC
韩国	光阳	NESI	瑞典	赫尔辛堡	ABSKAN
韩国	光阳	ISTUK	中国台湾	高雄	PACSEM
韩国	光阳	PGSPAC	中国台湾	高雄	CSTPTE
韩国	仁川	PACSEM	中国台湾	高雄	HBSING
韩国	仁川	CSTPTE	中国台湾	高雄	PGSPAC
韩国	仁川	NESI	阿联酋	迪拜	AWDUB
韩国	仁川	PGSPAC	阿联酋	迪拜	CSTHAN
马来西亚	柔佛	PACSEM	阿联酋	迪拜	CORHOO
马来西亚	柔佛	CSTPTE	英国	赫尔	ERUSUK
马来西亚	柔佛	CORHOO	英国	利物浦	HEBLIV
马来西亚	柔佛	HBSING	英国	利物浦	DIAPER

续表

国家/地区	地点	仓库公司代码	国家/地区	地点	仓库公司代码
马来西亚	柔佛	ISTUK	美国	巴尔的摩	CSTINC
马来西亚	巴生港	PACSEM	美国	巴尔的摩	PGSHOL
马来西亚	巴生港	ACEK	美国	芝加哥	PACUSA
马来西亚	巴生港	CSTPTE	美国	芝加哥	MITINC
马来西亚	巴生港	GRAFUK	美国	芝加哥	PGSHOL
马来西亚	巴生港	HBSING	美国	底特律	HEBINC
马来西亚	巴生港	ISTUK	美国	底特律	WHELAN
马来西亚	巴生港	PGSPAC	美国	底特律	MITINC
荷兰	阿姆斯特丹	CPEU	美国	洛杉矶	PACUSA
荷兰	穆尔代克	ICLBV	美国	莫比尔	MITINC
荷兰	鹿特丹	HAVEN	美国	莫比尔	PGSHOL
荷兰	鹿特丹	CSTHAN	美国	新奥尔良	PACUSA
荷兰	鹿特丹	CPEU	美国	新奥尔良	HEBINC
荷兰	鹿特丹	GRAFUK	美国	新奥尔良	MITINC
荷兰	鹿特丹	OCEAN	美国	新奥尔良	PGSHOL

资料来源：伦敦金属交易所、国泰君安期货。

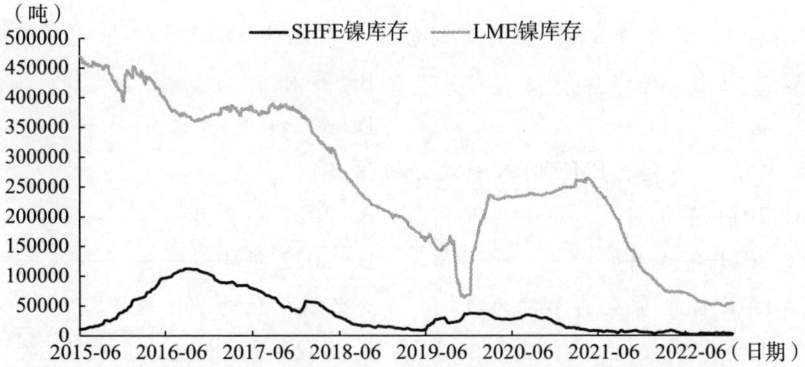

图 5－1　2015 年 6 月—2022 年 6 月 LME 与 SHFE 镍库存对比

资料来源：SMM，国泰君安期货。

自测题

1. 海外镍期货合约主要在（　　）进行交易。

A. 芝加哥商业交易所　　B. 伦敦金属交易所

C. 东京工业品交易所　　D. 纽约商品交易所

2. LME（　　）可以 24 小时不间断交易。

A. Ring 交易　　B. 办公室间交易

C. Kerb 交易　　D. 电子盘交易

3. 6 月 5 日买入 1 手伦镍，6 月 7 日卖出 1 手伦镍，若要平仓，需（　　）。

A. 买入 1 手 9 月 5 日到期伦镍，卖出 1 手 9 月 7 日到期伦镍

B. 买入 1 手 9 月 6 日到期伦镍，卖出 1 手 9 月 8 日到期伦镍

C. 卖出 1 手 9 月 5 日到期伦镍，买入 1 手 9 月 7 日到期伦镍

D. 卖出 1 手 9 月 6 日到期伦镍，买入 1 手 9 月 8 日到期伦镍

4. 以下（　　）形态的镍同时为上期所和伦敦金属交易所的可交割品。

A. 镍板　　B. 镍豆

C. 镍珠　　D. 镍饼

5. （　　）不是 LME 镍的交割仓库所在地区。

A. 印尼　　B. 美国

C. 荷兰　　D. 新加坡

6. （　　）起，LME 引入涨跌停板措施。

A. 2021 年 3 月　　B. 2022 年 3 月

C. 2021 年 4 月　　D. 2022 年 4 月

7. LME 镍期货交易单位为（　　），交割单位为（　　）。

A. 1 吨/手；6 吨　　B. 5 吨/手；6 吨

C. 6 吨/手；6 吨　　D. 1 吨/手；5 吨

8. （　　）可进行场内交易。

A. 场内会员　　B. 经纪清算会员

C. 交易清算会员　　D. 经纪会员

9. LME 成立于（　　）年。

A. 1976　　B. 1877

C. 1977　　D. 1876

10.（　　）不是伦敦金属交易所主要交易场所。

A. 场内交易　　B. 电子盘交易（LME Select）

C. 场外交易　　D. 办公室间交易（Inter – Office）

参考答案

1. B　2. B　3. C　4. A　5. A　6. B　7. C　8. A　9. B
10. C

第六章

影响镍期货价格的主要因素

一、哪些因素会影响镍期货合约的价格波动?

镍期货合约的价格影响因素有很多，大体可以分为供需关系、市场预期、宏观经济和政策等方面。镍价变化的逻辑通常在以上因素间的切换或者共振作用下形成（见图 6－1）。

具体来看，类似于其他商品，供需关系是影响价格的根本因素，但是对于镍来说，需要从原生镍和精炼镍的供需关系来拆分看待。2022 年以前，精炼镍价格（以下简称镍价）主要受原生镍整体供需的影响。当原生镍的需求大于供应时，镍价表现为上涨，而当供应大于需求时，镍价呈现下跌趋势。2011 年至 2013 年，中国镍铁产能的快速扩张导致全球镍市场供应严重过剩，国际镍价持续大幅下跌；2014 年 1 月，全球最大的镍矿出口国印度

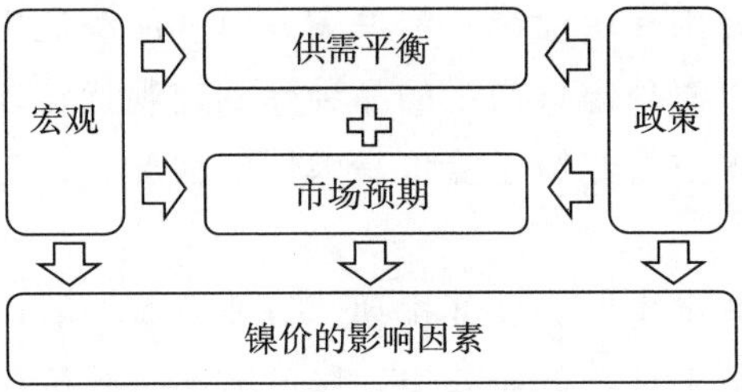

图 6-1　镍价会受到供需关系、市场预期、宏观经济和政策等方面的影响

资料来源：国泰君安期货。

尼西亚宣布禁止镍原矿出口，市场上出现了对未来镍供应短缺的担忧，国际镍价强势反弹；2018 年上半年，新能源电池的热度高涨助推镍价，而随着下半年需求端回归现实，镍价自高位滑落；2019 年下半年，印尼提前禁矿的消息传出，引发市场对未来供应的担忧，镍价上行；2021 年初，青山镍铁转产高冰镍的工艺走入市场，镍铁过剩传导至全元素过剩，驱动镍价走入下坡。

从 2022 年开始，影响镍价的核心矛盾由全元素供需平衡转向精炼镍本身。原生镍供应迈入投产放量阶段，全年呈现小幅过剩，但 2022 年镍价重心上移，主要反映了精炼镍供应偏紧的结构性矛盾。首先，精炼镍低库存格局在 2021 年经济复苏后已然形成。2022 年供给侧受欧美的制裁影响，俄镍（镍板）的全球出口贸易不及预期。其次，全球政治矛盾迭起，叠加高温和耐腐合金等板块迈入集中投产周期，镍板供应明显不足。由于沪镍定价锚定镍板，故在镍板库存低位叠加去化态势下，定价由全元素供需平衡转向精炼镍本身。

期货价格往往反映了市场对于现货在未来某一时间点时供需平衡的预期。例如，当市场对未来价格预期上涨，贸易商和下游企业通常会积极地订货，在低价买入并储备库存，从而刺激价格的进一步上涨；当市场对未来价格预期下跌，贸易商和下游企业将会减少订货，并逢高价抛售库存，导致价格的进一步下跌。

宏观经济对不同商品的影响程度不同。宏观经济对比较成熟的传统行业影响较大，而新兴发展的行业受到行业政策的影响更大。在镍下游领域中，不锈钢和电镀应用主要以传统行业为主。新能源汽车和部分合金领域是处于发展阶段的新兴行业，政策的变化与行业发展息息相关，并挂钩于镍的下游需求情况。此外，2022 年宏观经济对镍价影响加码，成为投资者不可忽视的因素之一。主要原因在于地缘政治冲突、海外能源危机、美国加息周期等宏观事件的迭起，以海外定价为主的品种受到宏观扰动较为频繁。同时，在精炼镍低库存叠加多空博弈给予镍价高弹性的情况下，宏观经济对镍价的扰动被显著放大。

政策往往对镍的供需形成外部扰动。行业政策一般作用于国家重点培育的行业。一方面，由于重点行业起步发展的需要，政策往往会给予一定的支持。当行业日趋成熟后，利好政策往往会逐步走入退坡。另一方面，系国家战略的需求，类似于军事工业、航空航天和其他高新技术产业也是政策重点培育的对象。从进出口政策来看，中国由于镍资源有限，在对外贸易方面实施鼓励进口、限制出口的原则。关税的变化对于镍的进出口成本有着直接的影响，从而影响进出口数量，调节国内供需。自 2021 年起，我国精炼镍的关税从 2% 降至 1%，且有部分国家协定关税为 0。宽松的关税政策有利于降低精炼镍的进口成本，从而促进海外资源的流入，对镍价表现为利空。

二、如何从供需面解释镍价变化?

供需基本面是影响镍价的根本因素。从供需平衡来看，当供给 - 需求 >0，即供过于求，对镍价表现为利空；当供给 - 需求 <0，即供不应求，对镍价表现为利多。在实际计算中，供需平衡表往往是整合和加总所有供需的重要工具。

从镍的供给端来看，重点关注的数据主要包括：上游产能、开工率、产量、进口利润、进口量、替代品供应量等。我国精炼镍的对外依存度较高，进口来源主要包括俄罗斯、挪威和日本等国家，因此，还需要关注海外重点国家精炼镍企业的生产情况。

上游产能通常可以分为设备产能和运行产能。其中，运行产能通常是指实际投入生产的产能。鉴于企业的产线可能存在一定的“僵尸产能”（即停产且未投入生产的产线），且设备或产线建成后，往往需要一定的产能爬升周期等其他原因，运行产能通常会小于设备产能。上游企业的产能规划是预估未来供给的重要变量之一。根据汇总各企业或项目所披露的未来产能目标和投产时间，并给予一定的投放进度等假设，可以预估未来的运行产能，亦为产量上限（见图 6－2）。

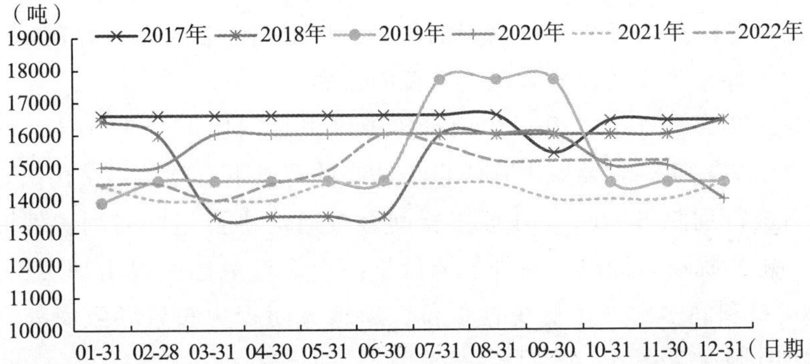

图 6－2　2017—2022 年中国电解镍企业运行产能加总

资料来源：钢联，国泰君安期货。

实际产量等于运行产能乘以开工率，即开工率决定了运行产能实际落地产出的体量。开工率一般会受到季节性、订单情况和利润水平等诸多因素的影响。对于精炼镍来说，开工率并未体现出明显的季节性变化。但由于 2022 年合金订单偏多，刺激镍价重心上移，2022 年电解镍开工率也攀升至历史性高位（见图 6－3）。

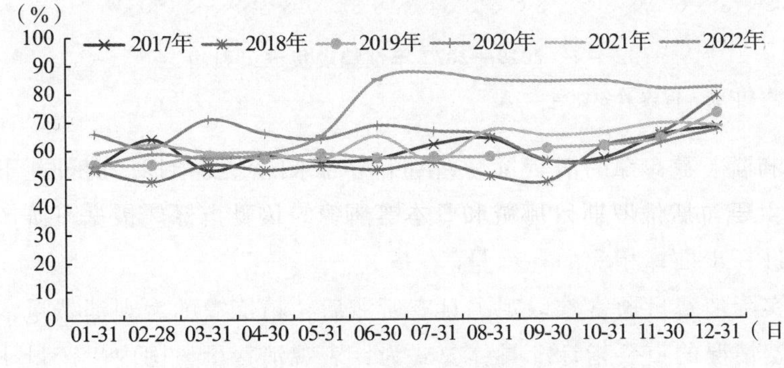

图 6－3　2017—2022 年中国电解镍开工率

资料来源：上海有色网，国泰君安期货。

我国精炼镍的进口依赖度较高，进口量很大程度地影响了国内的供给量，而进口利润水平则决定了海外资源流入国内的体量。当进口利润为正，则视为进口窗口打开，海外资源存在流入国内的机会，反之亦然。进口利润主要受到内外基本面差异、汇率和关税政策等方面的影响。但值得注意的是，若国内与海外表现出外强内弱的格局，且出现明显的出口盈利时，国内资源会向海外流入，从而导致国内资源的流失。

例如，2022 年 1—10 月，国内精炼镍进口量同比下滑 37.0%，导致国内精炼镍供应收缩。主要原因在于俄乌冲突的背景下，欧美等多国决定将部分俄罗斯银行剔除 SWIFT（环球银行间金融通信协会）的名列，俄镍出口受到了一定的扰动。同时，海外能源价格高企，挪威地区曾出现罢工现象。2022 年进口利润多次处于历史性低位，窗口关闭较为频繁导致海外资源流入的机会有限（见图 6－4）。

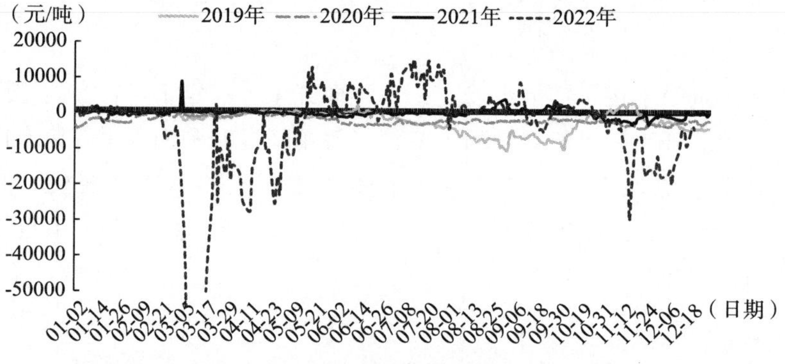

图 6－4　2019—2022 年俄镍现货进口利润

资料来源：钢联，国泰君安期货。

从需求端来看，镍的消费量是判断下游需求的重要指标。此外，下游企业的产能、开工率、产量和利润水平是镍消费的重要指标。根据下游产品的产量可以进一步推算相应的耗镍量。

由于实际消费量通常难以观测且有所滞后，精炼镍的表观消费量常常作为判断消费情况的重要指标。具体公式为：表观消费量 = 国内生产量 + 净进口量 + 显性库存变化，即供应量作为基础，将进出口和库存变化在基础上加以修正，近似拟合的国内精炼镍消费情况（见图 6－5）。

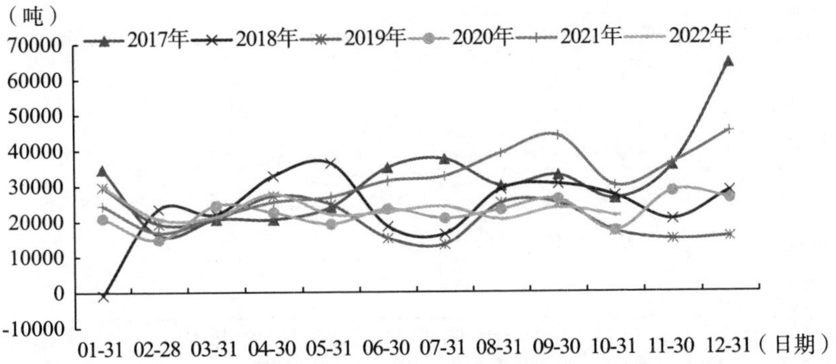

图 6－5　2017—2022 年中国电解镍表观消费量

资料来源：钢联，国泰君安期货。

下游加工企业的产能、产量、开工率等指标可以反映出下游对原生镍的消耗量。但由于经济性差异，精炼镍的消费占比在原生镍消费结构中亦会出现变动。以不锈钢为例，不锈钢的运行产能与开工率决定了产量。其中，200 系和 300 系不锈钢的生产需要原生镍原料，含镍量分别为 1% 和 8% 左右，则不锈钢生产耗镍量为 = 200 系不锈钢产量 ×1% + 300 系不锈钢产量 × 8% + 400 系不锈钢产量 ×0%。同时，由于不同钢厂的镍需求来源存在差异，即精炼镍、镍铁和废不锈钢的比例不同，故不锈钢生产耗镍量仍需乘以相应的比例得到精炼镍、镍铁和废不锈钢的需求。新能源对镍的需求测算有异曲同工之妙。硫酸镍的下游直接对应前驱体企业，而前驱体生产主要包括 5 系、6 系和 8 系等。根据各系别耗镍参数的不同，亦可以推算新能源行业的镍需求量（见图 6－6、图 6－7）。

由于镍的产业链中替代关系较为复杂，为了推算原生镍消费中精炼镍的占比，仍需进一步考虑经济性的因素。以不锈钢为例，2022 年由于镍铁和废不锈钢的经济性凸显，精炼镍占不锈钢耗镍的比例大幅减少，生产主要以镍铁和废不锈钢为主（见图 6－8）。同时，新能源行业亦有类似的转变。前驱体企业可以外购硫酸镍进行生产，或通过采购镍豆自溶，亦可以采购或自产中间品并加工制备硫酸镍。由于中间品投产在 2022 年迈入放量阶段，镍豆经济性的低迷导致精炼镍占硫酸镍生产的比例急速下滑，氢氧化镍和高冰镍逐步成为硫酸镍生产的主要原料（见图 6－9、图 6－10、图 6－11）。

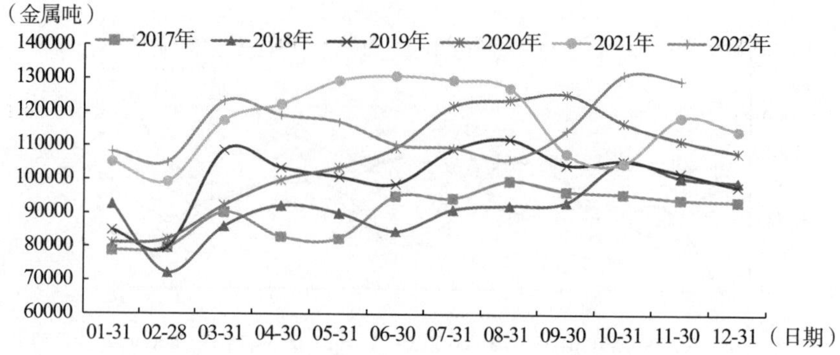

图 6－6　2017—2022 年不锈钢生产耗镍量

资料来源：上海有色网，国泰君安期货。

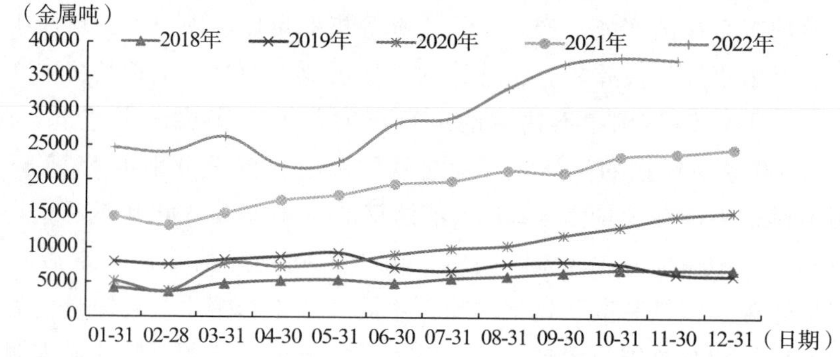

图 6－7　2018—2022 年前驱体生产耗镍量

资料来源：上海有色网，国泰君安期货。

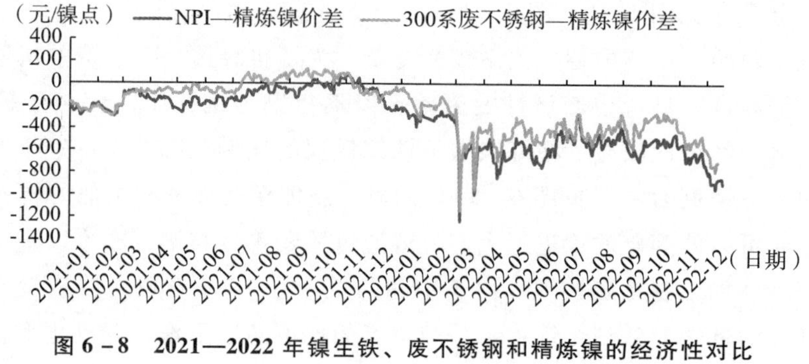

图 6－8　2021—2022 年镍生铁、废不锈钢和精炼镍的经济性对比

资料来源：上海有色网，国泰君安期货。

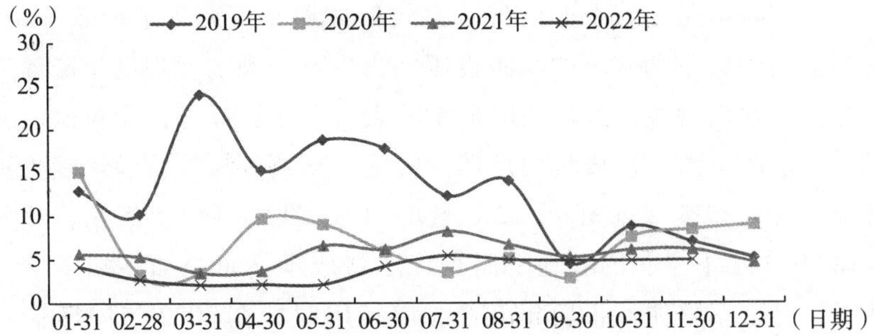

图 6－9 2019—2022 年精炼镍占 300 系不锈钢耗镍的比例

资料来源：上海有色网，国泰君安期货。

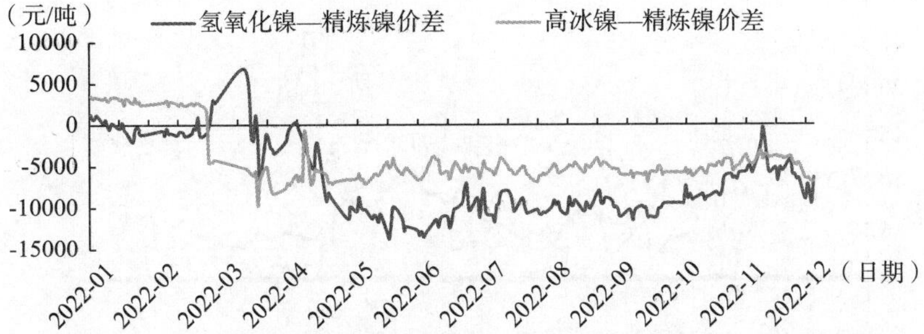

图 6－10 2022 年氢氧化镍、高冰镍和精炼镍的经济性对比

资料来源：上海有色网，国泰君安期货。

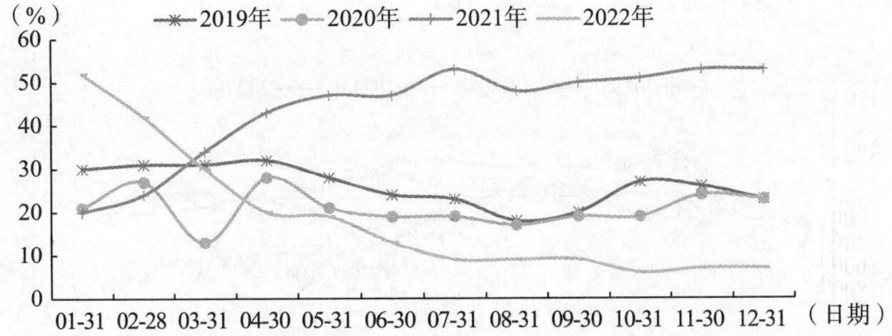

图 6－11 2019—2022 年精炼镍占硫酸镍原料的比例

资料来源：上海有色网，国泰君安期货。

下游加工企业的利润会向其产量传导，形成对镍消费端的“反馈”。当镍价重心上行时，下游企业现金成本抬升。通常下游企业会选择提升价格来保证生产利润。但是，若企业议价能力较低或遇到下游需求疲软等情况时，现金利润会受到成本和需求的双向挤压。当生产出现的亏损高于减停产的机会成本时，企业出现减停产现象的概率较大。而下游减停产会再次反向传导至镍原料需求的下滑，形成负向反馈的模式，从而利空镍价。当镍价重心下移的时候，反之亦然（见图6－12、图6－13、图6－14）。例如，部分不锈钢企业在2022年下半年的盈利受制于镍原料成本高企叠加终端需求疲软的双向挤压，开工率整体处于历年低位。电镀用镍板在2022年同样受到类似影响，全年对镍需求同比下滑11%至5.2万吨。

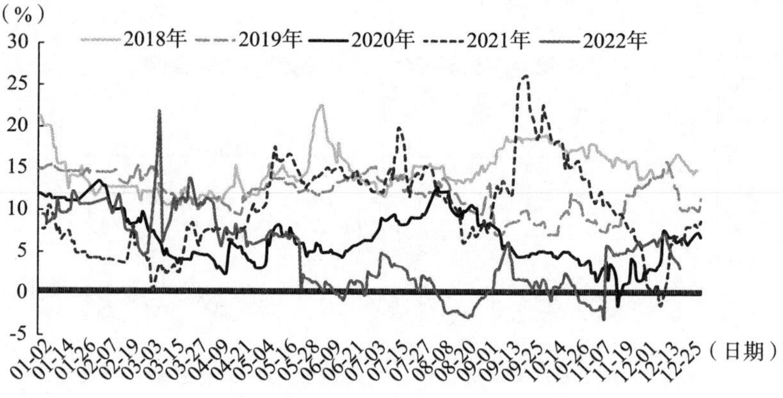

图6－12　2018—2022年冷轧304不锈钢现金成本生产利润率

资料来源：上海有色网，钢联，国泰君安期货。

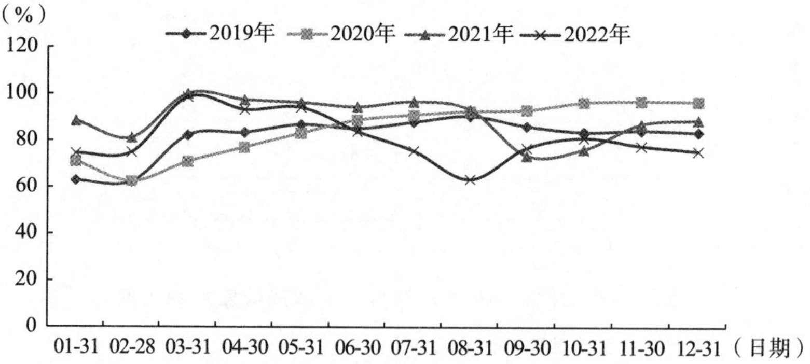

图6－13　2019—2022年中国不锈钢月度开工率

资料来源：上海有色网，国泰君安期货。

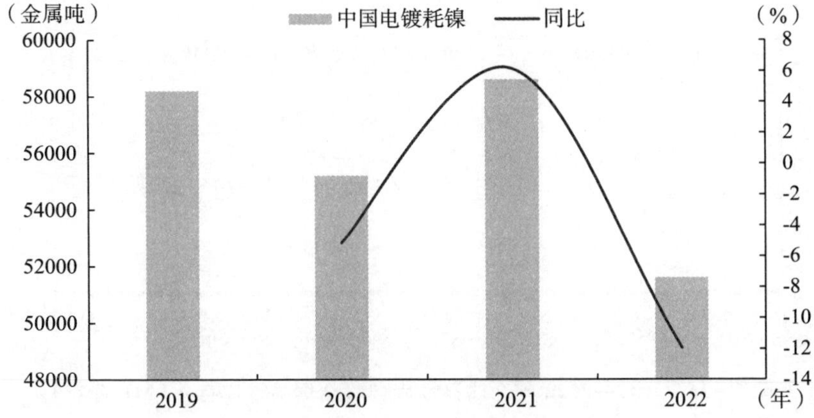

图 6－14 2019—2022 年电镀镍需求下滑

资料来源：上海有色网，国泰君安期货。

综合以上供需关系的考量，库存是衡量市场供需平衡的表征。库存可以分为显性库存和隐性库存。镍的显性库存主要包括上期所公布的仓单库存、市场统计的社会库存和保税区库存等（见图 6－15、图 6－16）。隐性库存是显性库存以外的库存，通常难以观测到。若不考虑隐性库存，当精炼镍需求大于供应时，库存表现为去化；而当供应大于需求时，库存表现为累增。

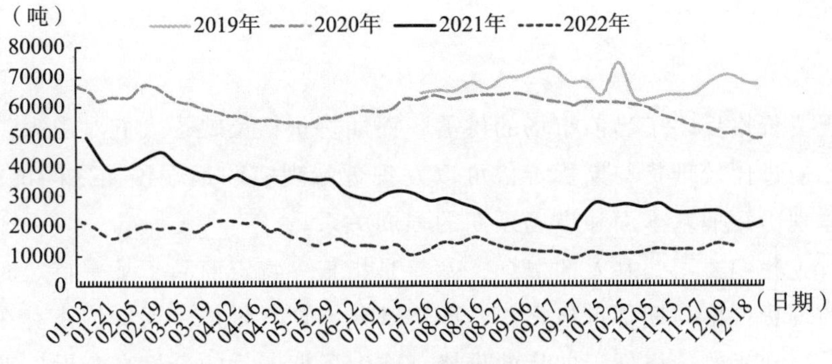

图 6－15 2019—2022 年全国显性库存（含保税区）

资料来源：上海有色网，国泰君安期货。

库存对于判断镍价长期重心和短期边际变化均有作用。从库存同比来看，历年低位或高位库存会给予镍价一定的底部支撑或上方压力。例如

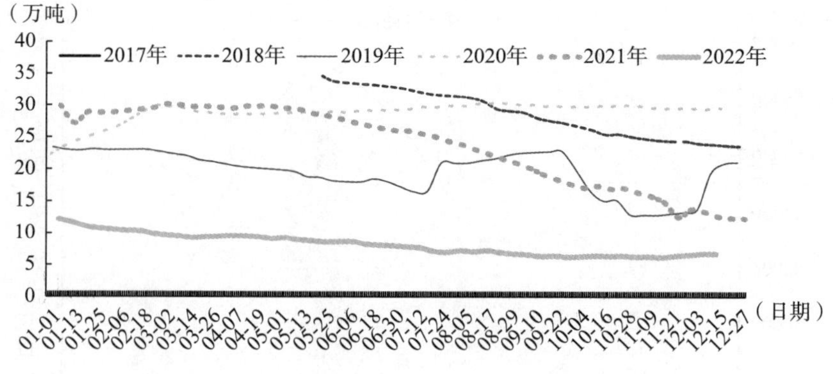

图 6－16　2017—2022 年全球显性库存（全国显性库存＋LME 库存）

资料来源：上海有色网，国泰君安期货。

2022 年，精炼镍库存处于历史性低位，支撑镍价维持高位震荡。从环比变化来看，库存的边际去化或累增态势反映了市场短期供需的强弱，库存去化给予镍价上行驱动，垒库则反之亦然。

三、现实与预期结构如何反映基本面？

现货价格反映了当前市场的供需，而期货价格反映了人们对未来供需的预期。通过比较现货与期货价格可以发现近端现实和远端预期之间的差异，从而体现出短期基本面和市场预期的强弱关系。

首先我们要了解基差的概念，基差是指某一特定商品于某一特定时间和地点的现货价格与期货价格之差，即：基差＝现货价格－期货价格。在期货市场，当现货的价格低于期货的价格，或者远期期货的价格高于近期期货的价格，则基差为负，称为“现货贴水”或“期货升水”，此时的市场为“正向市场”，远期期货价格高于近期期货价格的部分称为“期货升水率”；当现货的价格高于期货的价格，或者远期期货的价格低于近期期货的价格，则基差为正，称为“现货升水”或“期货贴水”，此时的市场为“反向市场”，远期期货价格低于近期期货价格的部分称为“期货贴水率”。升贴水可以在一定程度上反映市场对现货的供需状况，以及对未来的预期。

由于企业交割时通常会使用符合标准的最便宜可交割品，用以沪镍交割的资源通常为俄罗斯镍板，挪威大板和博峰镍板等也会有交割。当最便宜交割资源不足的时候，高价资源也会有所交仓。因此，大多数时间下，盘面定价以锚定俄镍为主。在计算基差时候，常用俄镍的现货与沪镍价格进行比较。

尽管期货价格与现货价格关系紧密，通常呈现同升同降的关系，但两者的变化幅度和实际价格并不一致，因此基差有时为正，有时为负。由于持仓费的存在，期货价格通常高于现货价格。持仓费是指为拥有或保留某种商品、资产而支付的仓储费、保险费和利息等费用总和。当距离交割时间越近，持仓费越低，基差逐渐趋于零。因此，正常情况下，基差为负，即“现货贴水”或“期货升水”。但在两种情况下，基差为正：（1）近端消费高企，超出近期产量并导致库存大幅度下滑，驱动现货价格上行，高出期货价格；（2）预计远期镍的供应显著放量，并超出市场需求形成过剩预期，导致期货价格大幅度下降，低于现货价格。

因此，当现货价格上涨的幅度大于期货价格，或者下跌的幅度小于期货价格，基差走强表明了近期资源偏紧或者预期远期资源偏宽松；当现货价格上涨的幅度小于期货价格，或者下跌的幅度大于期货价格，基差走弱表明了近期资源偏宽松或者预期远期资源偏紧（见图6－17）。

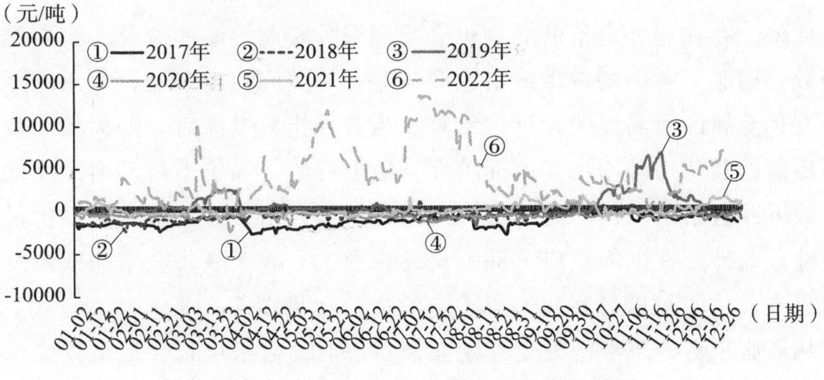

图6－17　2017—2022年镍的主流现货基差

资料来源：上海有色网，国泰君安期货。

以镍为例，2022 年精炼镍供需错配的矛盾凸显，近端交割资源偏紧导致强现实弱预期的现象贯穿全年。现货价格较期货价格更为坚挺，基差几乎全年维持在正区间运行，镍价重心整体维持高位运行。

四、宏观经济如何传导至镍价？

宏观经济对于镍价的影响涉及方方面面。通常，宏观经济作用于传统行业的影响较大，而新兴行业的发展受到行业政策的扰动更大。本节聚焦于宏观经济的角度。

在宏观经济层面，由于铜和铝等其他有色品种的下游分散于各大传统行业，镍受到宏观经济的影响往往小于铜和铝等其他有色品种。从镍的下游来看，传统领域的应用主要集中于不锈钢、电镀镍和部分合金领域。当经济形势偏向乐观的时候，镍的传统消费保持稳中有增的态势，而经济衰退则会抑制终端消费，进而引起镍价的波动。例如，我国经济在 2022 年受到新冠疫情的影响，经济形势低迷，传统行业的终端消费呈现疲软态势。不锈钢行业的镍消费增速在 2022 年由 9.3% 下滑至 5.1%，电镀行业由 6.2% 下滑至 -11.4%。

此外，存在海外定价的品种也会受到海外宏观浪潮的波及，主要包括美元指数、通胀、各国的货币或财政政策等。从美元角度来看，由于国际上大部分有色金属的贸易以美元计价结算，当美元指数上涨时，购买相同数量的美元所需的其他币种增加，因而美元指数上行给予镍价下行动力；反之，美元指数下跌会给予镍价一定的支撑。因此，美元指数理论上应与镍价呈现负相关性。此外，在国内进口方面，美元指数上升或下跌将会增加或减少国内进口成本，从而对进口利润形成一定的扰动（见图 6 - 18）。

从通胀来看，当经济处于稳定发展状态时，需求增长会拉动物价水平适度提高，反之亦然。但是当通胀过高的时候，物价涨幅过大反而会抑制需求，从而形成对消费的反噬。从财政政策来看，增加政府支出或降低税收等

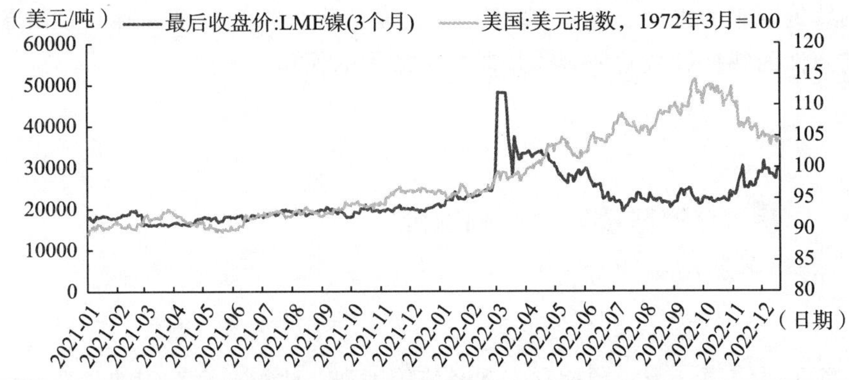

图 6－18　美元指数与镍价的关系

资料来源：同花顺 iFind，国泰君安期货。

宽松的财政政策会促进经济的发展，增加市场的货币需求，从而推动利率的上行。同样，降低利率或者增发货币等货币政策可以促进经济的发展。但是，当经济过热、通胀水平过高时候，政府会采取紧缩的财政或货币政策来抑制经济的不良发展。

以宏观影响凸显的 2022 年为例，高通胀和加息周期等对镍价形成了强烈冲击。在海外疫情风波过后，美国采取激进的财政和货币政策刺激经济发展，叠加劳动力市场矛盾和能源危机等其他因素，使美国迈入了高通胀阶段。2022 年 3 月，美联储首次开启加息周期，支撑美元指数延续偏强运行，镍价在 3 月见顶后逐步回落。随后市场持有对美联储激进加息节奏的预期，给予美元上行动力，镍价在 2022 年第二季度至第三季度承压运行，底部受到供需面低库存的支撑作用。直至美联储的高通胀见顶，并低于市场预期，美元指数的下方空间开始打开，镍价上方的宏观压力才得以释放。2022 年第四季度，镍价在低库存和宏观压力释放的共振作用下，震荡偏强运行。

2022 年镍价受到全球宏观经济影响程度激增的原因可以从三个维度来解释。其一，大国之间的动荡博弈以及如此罕见且激进的加息环境注定 2022 年是个宏观大年。其二，在 2022 年 3 月镍价异常波动之后，遭受亏损的产业套保资金有所退出，而投机性需求权重边际增加，部分金融机构以镍价高波动属性为抓手，博取宏观消息面刺激所带来的收益。其三，精炼镍库存延续近两年的去库，在2022年已去化至历史性低位。低库存往往给予镍价高弹性的特征，故对宏观作用起到了放大的作用。

五、有哪些政策会影响镍价？

除了供需面、市场预期和宏观经济等因素，政策亦会对镍的供需形成外部扰动。接下来，从行业政策和进出口政策的角度来分别浅析。

行业政策往往作用于国家重点培育的行业。一方面，由于重点行业起步发展的需要，政策往往会给予一定的支持。当行业日趋成熟后，利好政策往往会逐步走入退坡。另一方面，系国家战略的需求，类似于军事工业、航空航天和其他高新技术产业也是政策重点培育的对象。在镍的下游中，新能源汽车和部分合金领域受到行业政策的影响较大，而下游行业的发展与镍的消费息息相关。

以新能源汽车行业为例，自2009年起，我国通过中央财政对新能源汽车的推广应用进行补助，对新能源汽车行业的发展起到助推作用。补贴政策原定于2020年逐步退出，而后一直延续至2021年和2022年。2022年，新能源车补贴较2021年退坡30%，其中续航里程300～400公里纯电动乘用车的单车补贴金额由13000元下降至9100元，续航里程高于400公里车型的补贴由18000元退坡至12600元。根据《关于完善新能源汽车推广应用财政补贴政策的通知》，2023年1月1日后上牌的车辆将不再享受补贴政策，国内新能源车的政策扶持退坡，逐步转向市场化竞争。从行业政策影响来看，在补贴退坡的路径中，新能源汽车企业先是形成了“抢装浪潮”，即产业链各环节提前生产，并在补贴取消前完成新能源汽车的装机。但是临近2022年底，由于原料成本高企叠加库存压力的影响，新能源汽车上游的电池、正极和前驱体的产量有所下滑。另外，补贴的取消让市场对新能源汽车行业产生了悲观预期。2022年底，市场普遍预期2023年新能源汽车的销量增速同比由90%以上大幅度下滑至30%左右，而需求增速的滑坡有望向上游传导至硫酸镍需求扩张放缓（见图6－19）。

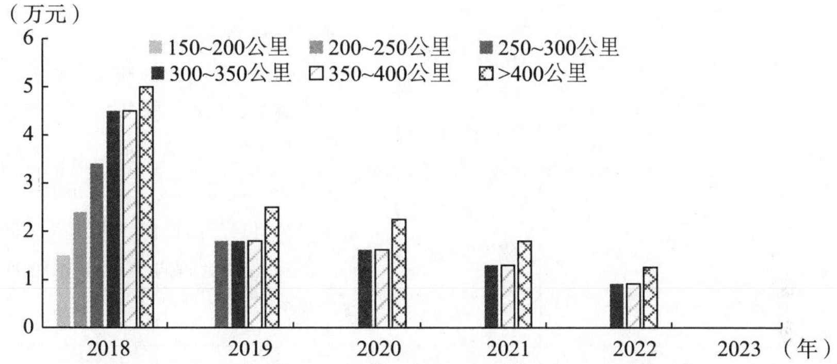

图6－19　2018—2023年纯电动乘用车续驶里程范围与补贴标准

资料来源：工信部，国泰君安期货。

再以高温合金举例，其属于新材料领域中的高端金属结构材料，是国家高质量发展不可或缺的核心材料。2022年政治矛盾的迭起推动了国家有关军工材料的储备需求。但是从历年来看，我国高温合金行业的发展受制于供给侧进口的高度依赖性。2017年9月，科技部发布《“十三五”材料领域科技创新专项规划》，指出我国高温合金与国外先进水平还存在较大差距，应加强我国材料体系的建设，大力发展高温合金、军工新材料等，满足我国重大工程与国防建设的材料需求。而后，国家陆续出台相关政策指引行业的发展。2022年8月，工业和信息化部、国务院国有资产监督管理委员会、国家市场监督管理总局、国家知识产权局联合印发《原材料工业“三品”实施方案》进一步提出要求，到2025年，高温合金、高性能特种合金材料等产品和服务对重点领域的支撑能力显著增强（见表6－1）。在政策的扶持下，高温合金企业陆续披露有关高温合金增产、技术改造和研发中心建设等的项目规划。高温合金项目建设周期一般为2年到3年。因此，2022—2025年或成为高温合金的产能扩张周期，从而进一步带动上游镍板的需求扩张。

表 6-1　　　　高温合金行业发展受到国家顶层设计支持

序号	相关政策名称	发布日期	相关单位	与高温合金相关
1	原材料工业“三品”实施方案	2022 年 8 月	工业和信息化部、国务院国有资产监督管理委员会、国家市场监督管理总局、国家知识产权局联合制定	重点发展高温合金、高性能特种合金、稀土功能材料、生物基和生物医用材料等关键基础材料；到 2025 年，原材料品种更加丰富、品质更加稳定、品牌更具影响力。高温合金、高性能特种合金、半导体材料、高性能纤维及复合材料等产品和服务对重点领域支撑能力显著增强
2	“十四五”原材料工业发展规划	2021 年 12 月	工业和信息化部、科技部、自然资源部等三部委	突破重点品种：围绕大飞机、航空发动机、集成电路、信息通信、生物产业和能源产业等重点应用领域，攻克高温合金、航空轻合金材料、超高纯稀土金属及化合物、高性能特种钢、可降解生物材料、特种涂层、光刻胶、靶材、抛光液、工业气体、仿生合成橡胶、人工晶体、高性能功能玻璃、先进陶瓷材料、特种分离膜以及高性能稀土磁性、催化、光功能、储氢材料等一批关键材料
3	中华人民共和国国民经济和社会发展第十四个五年规划和 2035 年远景目标纲要	2021 年 3 月	国务院	制造业之高端新材料核心竞争力提升：推动高性能合金、高温合金等先进金属材料取得突破
4	关于扩大战略性新兴产业投资培育壮大新增长点增长极的指导意见	2020 年 9 月	发改委等四部委	加快新材料产业强弱项。围绕保障大飞机、微电子制造、深海采矿等重点领域产业链供应链稳定，加快在光刻胶、高纯靶材、高温合金、高性能纤维材料、高强高导耐热材料、耐腐蚀材料、大尺寸硅片、电子封装材料等领域实现突破

续表

序号	相关政策名称	发布日期	相关单位	与高温合金相关
5	战略性新兴产业分类（2018）	2018 年 10 月	国家统计局	高温合金、镍基耐腐合金、耐磨耐腐铜合金、海洋工程与高技术船舶用铜材（耐高流速白铜管等）、铁路贯通线用铜带（高性能黄铜材料）属于战略性新兴产业
6	“十三五”材料领域科技创新专项规划	2017 年 9 月	科技部	我国高温合金与国外先进水平还存在较大差距；为加强我国材料体系的建设，大力发展高性能碳纤维与复合材料、高温合金、军工新材料、第三代半导体材料、新型显示技术、特种合金和稀土新材料等，满足我国重大工程与国防建设的材料需求
7	战略性新兴产业重点产品和服务指导目录(2016 版)	2017 年 1 月	发改委	镍基合金、铜镍管属于新材料产业之先进结构材料产业之高性能有色金属及合金材料

资料来源：隆达股份招股说明书，公开资料整理。

我国进出口政策的调整对镍价形成扰动。镍作为国家重要的战备资源储备之一，下游领域涉及新能源汽车、国防工业、航空和舰船等重点发展行业。但是，国内镍资源稀缺，叠加 2020 年进口窗口长期关闭限制了海外资源的流入，精炼镍资源 2020 年的供应整体有限。因此，为了鼓励镍资源的进口，经国务院批准，国务院关税税则委员会发布通知，中国自 2021 年 1 月 1 日起，将精炼镍进口关税从 2% 下降至 1% 。同时，非合金镍粉及片状粉末的进口关税亦下调至 1% ，降低了新能源上游企业的镍粉进口成本。同时，此次关税的调整维持以前并新增了部分国家零税率的协定税率。其中，我国的镍资源进口大国澳大利亚与我国签订了自由贸易协定，进口关税的豁免为我国新能源行业的长足发展埋下了伏笔。进口窗口关闭频率见图 6 – 20，2022 年中国镍相关商品进口税率见表 6 – 2。

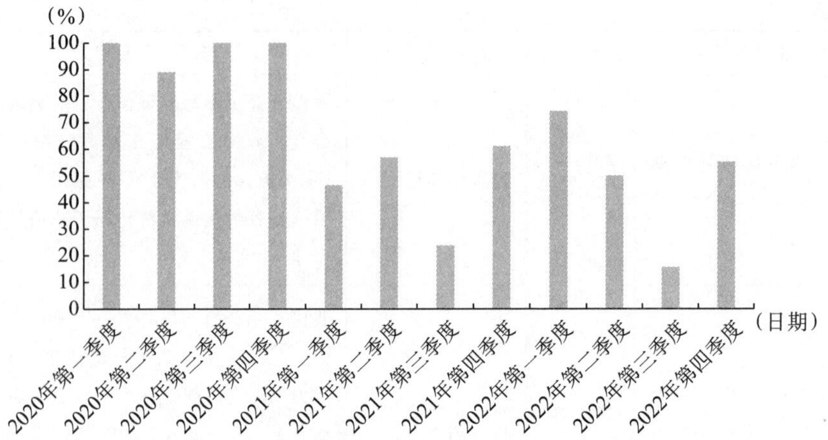

图 6-20 进口窗口关闭的频率（按照季度统计）

资料来源：钢联，国泰君安期货。

表 6-2 2022 年中国镍相关商品进口税率

税则号	商品名称	2022 年最惠国税率（%）	2022 年暂定税率（%）
28254000	镍的氧化物及氢氧化物	5	2
28332400	镍的硫酸盐	5	2
72026000	镍铁	2	0
75011000	镍锍	3	0
75012010	镍湿法冶炼中间品	3	0
75012090	氧化镍烧结物、镍的其他中间产品	3	0
75021010	按重量计镍、钴总量在 99.99% 及以上的，但钴含量不超过 0.005% 的非合金镍	3	1
75021090	其他非合金镍	3	1
75040010	非合金镍粉及片状粉末	4	1

资料来源：中国海关，上海有色网，国泰君安期货。

自测题

1. 以下选项中，（　　）是影响镍价重要因素。

A. 供需平衡　　B. 宏观与政策

C. 市场预期　　D. 以上都是

2. 在镍的供给端，重点关注的数据不包括（　　）。

A. 上游生产量　　B. 下游生产量

C. 上游开工率　　D. 进口量

3. 运行产能乘以（　　）等于产量。

A. 开工率　　B. 利润率

C. 含镍量　　D. 投产进度

4. 当部分地区的产能陆续投放，而其他地区存在检修减产的情况，供给侧对镍价的影响表现为（　　）。

A. 利多　　B. 无影响

C. 利空　　D. 不确定，需根据供应变化统计

5. （　　）更有可能是直接导致精炼镍开工率上行的原因之一。

A. 产能处于建设周期　　B. 生产利润边际走高

C. 进口利润边际走高　　D. 库存高位边际去化

6. （　　）不是需求侧主要关注的变量之一。

A. 进口量　　B. 表观消费量

C. 出口量　　D. 下游生产量

7. 表观消费量等于（　　）加净进口量加显性库存变化之和。

A. 实际需求量　　B. 隐性库存量

C. 国内生产量　　D. 期初库存量

8. 精炼镍进出口利润会受到（　　）的影响。

A. 汇率　　B. 内外基本面差异

C. 关税　　D. 以上都是

9. 不锈钢（　　）的产量乘以对应含镍量可以得到不锈钢耗镍量。

A. 200 系和 300 系　　B. 300 系和 400 系

C. 200 系和 400 系　　D. 200 系、300 系和 400 系

10. 假设其他变量不变，当氢氧化镍项目陆续投产放量，导致氢氧化镍价格下跌而经济性优势凸显时，镍价更有可能的表现为（　　）。

A. 上涨　　B. 不受影响，延续前期走势

C. 下跌　　D. 横盘

11. 在期货市场上，当现货的价格低于期货的价格，或者远期期货的价格高于近期期货的价格，则基差（　　）。

A. 为正　　B. 为负

C. 为零　　D. 走弱

12. 在 2022 年，沪镍最便宜可交割品的定价锚定（　　）等。

A. 诺里尔斯克镍板　　B. 澳大利亚镍豆

C. 住友镍板　　D. 马达加斯加镍豆

13. 理论上，当距离交割时间越近，持仓费越（　　），现货与近月合约的基差逐渐（　　）。

A. 高；趋于零　　B. 低；走强

C. 低；走弱　　D. 低，趋于零

14. 在其他变量不变的情况下，（　　）更容易导致基差走弱。

A. 近期进口窗口频繁关闭　　B. 预期远端供应投产放量

C. 近期精炼镍板需求高企　　D. 远端出现供应减产预期

15. 2022 年由于镍板库存低位叠加去化，交割资源偏紧，在大多数时间下，基差较往年（　　）。

A. 更高　　B. 更低

C. 持平　　D. 时高时低

16. 假设其他变量不变，美元指数边际上行，镍价表现为（　　）。

A. 利多　　B. 中性

C. 利空　　D. 无影响，延续前期走势

17. （　　）对宏观经济起到刺激的作用。

A. 降息　　B. 加息

C. 增加税收　　D. 减少政府支出

18. 当通胀过高的时候，物价涨幅过大反而会抑制需求，从而形成对消费的（　　）作用，而（　　）可以起到对经济过热的抑制作用。

A. 刺激；加息　　B. 反噬；加息

C. 刺激；降息　　D. 反噬；降息

19. 自（　　）年1月1日起，我国精炼镍进口关税从2%下调至1%。

A. 2019　　B. 2020

C. 2021　　D. 2022

20. 当新能源汽车行业受到政策的支持时，镍的消费有望（　　），从而给予镍价（　　）驱动。

A. 减少；上行　　B. 增加；下行

C. 减少；上行　　D. 增加；上行

参考答案

1. D　2. B　3. A　4. D　5. B　6. A　7. C　8. D

9. A　10. C　11. B　12. A　13. D　14. D　15. A　16. C

17. A　18. B　19. C　20. D

第七章

镍价历史回溯和重大事件

一、历史上有哪些事件导致了镍价波动加剧?

作为有色金属的一员，受到全球宏观经济的影响，镍的长期走势与其他有色金属相仿。2005—2007 年，全球经济过热，大宗商品价格普遍上涨，LME 镍价最高触及 51800 美元/吨，2008 年金融危机导致大宗商品价格暴跌，LME 镍价回调至 8850 美元/吨，并且随着后续财政和货币刺激，美元贬值，镍价企稳回升。

除了宏观经济大趋势周期的影响外，镍价走势具有其独特的基本面属性，历史上镍价展现出其独特行情的事件冲击包括：第一，RKEF 新工艺产能释放，含镍生铁投产，镍价回落。第二，2014—2020 年，印尼对红土镍矿的出口实施禁令并调整出口政策，使镍价在禁令的事件驱动下，价格走强。第三，印尼镍中间品的火法工艺落地，镍由结构性缺口转向全元素过剩，预期使镍价阶段性大幅下挫。第四，全球精炼镍低库存且持续去化，LME 镍期货出现多空博弈，镍价暴涨，突破 55000 美元/吨。

以下将对历史上镍价发生的事件驱动型行情进行复盘，事件型冲击大幅改变精炼镍的价格走势（见图 7-1）。

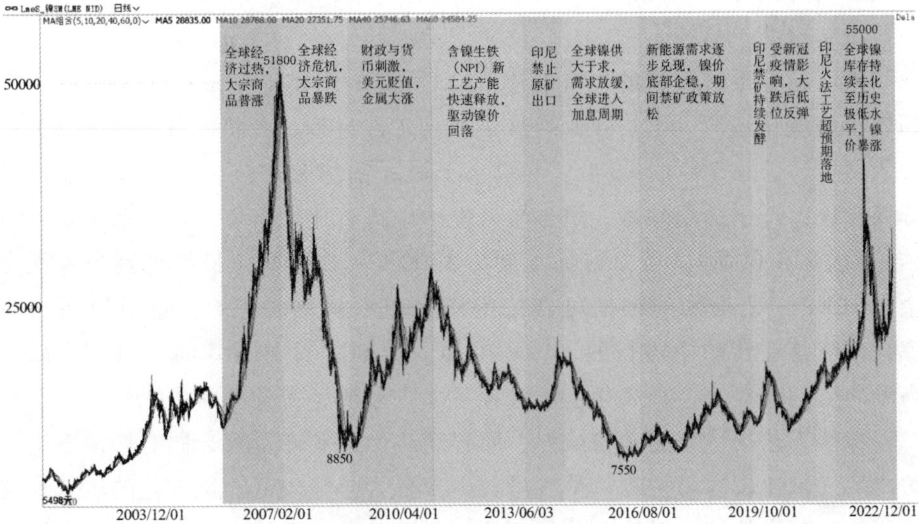

图 7-1　镍价走势回顾

资料来源：同花顺 iFind，国泰君安期货。

二、RKEF 工艺诞生为产业链带来了什么？

从历史上看，不锈钢生产必不可少的镍元素主要由硫化镍矿提供。随着工业和经济的发展，工业品价格水涨船高，我国硫化镍矿资源禀赋有限，镍价在 20 年代初期的高速发展阶段保持较高水平。2006 年前后，红土镍矿为原料冶炼镍铁的工艺开始迈向工业化，红土镍矿小高炉工艺在国内取得成功。后来，受镍价回落、焦炭价格大涨和环保政策等多重因素影响，小高炉冶炼高镍铁的技术逐渐被市场淘汰。

2010年后，国内红土镍矿的镍铁冶炼主流工艺转向了RKEF冶炼。RKEF镍铁冶炼能取代高炉镍铁冶炼，主要是因为其生产成本低、有用目标金属收得率高和产品杂质含量低等。同时，冶炼厂脱离了对焦炭的依赖，仅使用兰炭即可完成冶炼中的还原反应，且经过几年摸索后，该工艺已经成熟，设备也简单易控。

火法冶金生产镍铁的主流工艺RKEF（Rotary Kiln Electric Furnace），即回转窑焙烧预还原－电炉还原熔炼工艺。工艺过程为：将矿石破碎和筛分后加入回转窑，在700℃～900℃下脱水干燥、预热和焙烧，并选择性还原部分镍和铁，产出高温焙砂，焙砂装入电炉中进行还原熔炼，还原剂为炭材料（包括焦炭和煤等），还原熔炼温度为1400℃～1500℃，最终得到粗镍铁合金。RKEF工艺得到的镍铁可直接用作生产不锈钢的原料，也可以进行精炼，精炼是在转炉中进行的，转炉中加入熔剂（石英石）的同时鼓入高压高温的空气或氧气，经氧化造渣过程可除去杂质，得到高品位镍铁。

镍铁工艺的优点是装备成熟、原料适应性强和产量大，同时熔池温度和炉内的气氛比较容易控制，炉气量较少，且含尘量较低。该工艺的缺点是无法回收镍矿中的钴，对钴含量较高的氧化镍矿并不适用，适宜处理钴含量小于0.05%的矿石。由于工艺能耗高，要求当地电力或燃料供应充足，并且原则上RKEF工艺处理品位在1.6%以上的红土镍矿具有较好的经济性，镍品位每降低0.1%，生产成本增加3%～4%。

随着红土镍矿－RKEF冶炼含镍生铁（NPI）工艺的工业化批量生产，镍资源的供应紧张得以缓解，RKEF工艺的诞生为下游不锈钢的生产提供了源源不断的原材料。由于镍铁工艺成本较低，且大幅增加了镍资源的供应量，2011年下半年开始镍价也相应由高位回调，价格重心下移（见图7－2）。

2010—2021年，精炼镍、镍铁和废不锈钢等产品在不锈钢生产领域一直保持着稳定的替代关系，与此同时，三种产品折算镍点的单位价值也保持着一致步调，价差维持在稳定的价格区间（见图7－3）。

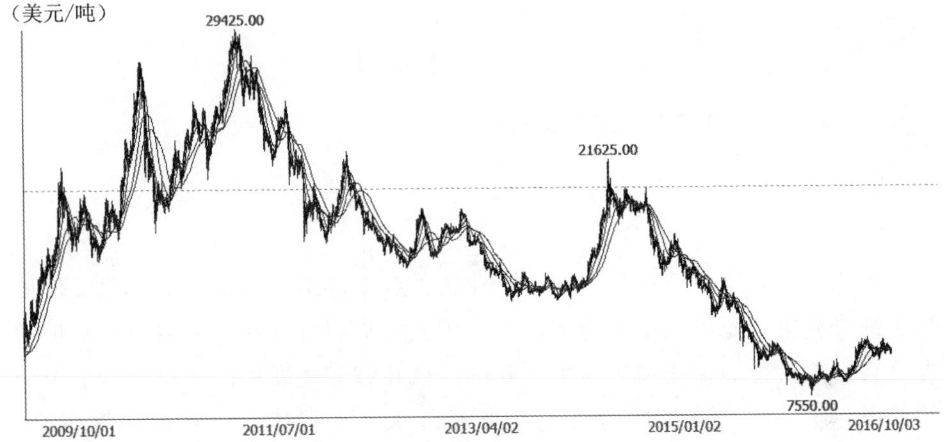

图 7－2　NPI 工艺产量释放后，镍价重心整体下移

资料来源：文华财经，国泰君安期货。

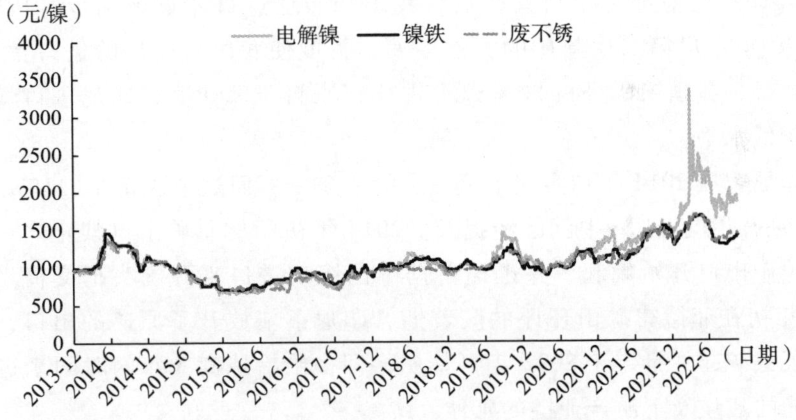

图 7－3　2013 年 12 月—2022 年 6 月精炼镍、镍铁和废不锈钢价格

资料来源：SMM，国泰君安期货。

三、印尼禁矿从何谈起？

无论是镍矿还是镍产品，在镍产业链的各个环节，我国都不同程度地依赖于进口补给，尤以镍矿更为突出。我国的镍矿以分布在甘肃金川镍矿带和吉林磐石镍矿带的硫化镍矿为主，我国的硫化镍矿主要以冶炼得到电解镍中的镍板为主。而我国镍铁冶炼主要依靠外采红土镍矿，对外依赖度较高。2007—2014 年，我国进口镍矿来源中，印尼有着不可替代的地位，但随着 2014 年第一次禁矿后，我国自印尼进口的镍矿量便骤然下跌，2015—2016 年我国进口镍矿锐减，分国别来看，进口镍矿几乎全部来源于菲律宾。直到 2017 年印尼取消部分出口禁令后，我国从印尼进口才重新逐步有所恢复，但 2020 年印尼第二次禁矿的突然爆发，再度使我国自印尼的进口量腰斩，直至今日，我国镍矿进口 80% 以上占比仍来自于菲律宾，印尼进口量始终位于较低水平。

印尼曾在 2014 年初实施了第一次的禁矿令，而这个决定早在印尼 2009 年颁布的《矿业法》中就已经提及。2014 年初印尼原矿出口禁止之后，菲律宾镍矿出口开始崛起，并迅速占据中国镍矿进口来源国头把交椅。随后 2017 年初在菲律宾矿山环评的胶着期，印尼重新放开了原矿的出口，其中包括了镍矿，并且定于 2022 年再禁矿，即多给冶炼商 5 年的时间来进行冶炼产能的建设及下游产业链的延伸。

2014 年第一次禁矿时期，镍价先涨后跌，后期的跌幅更甚。2014 年 2 月至 5 月，伦镍走了一波禁矿的上涨逻辑，从低点 14000 美元/吨一路飙涨至 21600 美元/吨上方，涨幅接近 54%，绝对价格上涨 7600 美元/吨。随后 5 月至 8 月，伦镍价格在 18000～20000 美元/吨位置维持了将近 4 个月时间，9 月从接近 20000 美元/吨高点一路下跌，到 2014 年底已经跌到 15000 美元/吨下方。2015 年更是全年走跌，2016 年 2 月触及了 7550 美元/吨的历史低点。2014 年镍价的先涨后跌，从矿的角度讲，要归咎于菲律宾镍矿供应放量。此外，2015 年之后印尼镍铁对中国出口的增加，以及国内因为前期集中备库导致港口镍矿库存高企，使国内供应短缺的预期落空，也是价格下跌的重要推手（见图 7－4）。

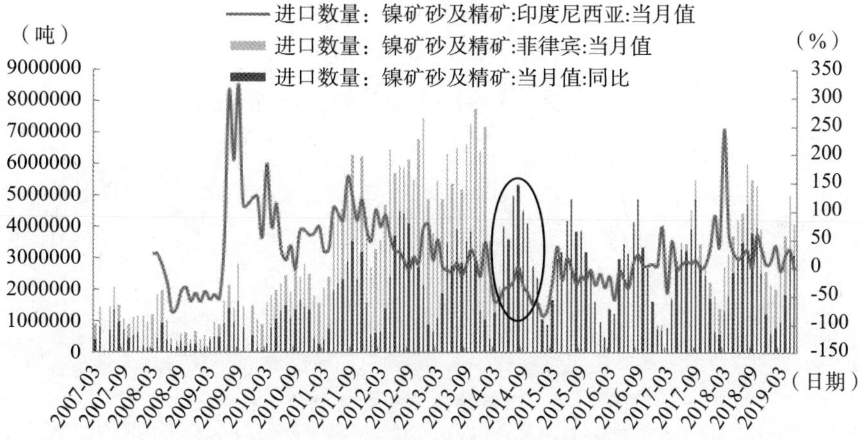

图 7－4　中国自印尼、菲律宾镍矿进口变化

资料来源：Wind，国泰君安期货。

印尼禁矿时期的历史使命是以镍铁取代镍矿的销售方式增加印尼政府的财政收入，提高居民的就业机会，但是由于镍铁的投产速度过于缓慢，限制镍矿出口反而增加了印尼镍矿企业的生存压力，于是印尼在 2017 年放开镍矿出口。在镍铁产线投产达到目标后，2019 年印尼开始“吹风”要重新禁矿，并于 2019 年底再次关闭出口的大门。

2019 年 8 月 30 日发生“印尼禁矿事件”，能源和矿产资源部长伊格纳西乌斯·乔南表示，从 2019 年 12 月底开始，镍矿石含量低于 1.7% 不再允许出口。SHFE 镍价由 12.5 万元/吨上涨至 14.9 万元/吨，LME 镍价由 15600 美元/吨上涨至 18850 美元/吨（见图 7－5）。

印尼政府在执行政策时经常反复多变，2014 年开始的印尼禁矿上演了长达 6 年之久的“反复”，终于在 2020 年落下帷幕（见图 7－6）。

近年来能够看到，印尼对镍的相关政策抓手正逐步由全面禁矿进一步延伸到产业链中游冶炼，意图通过对镍铁和中间品等产品实施出口限制或征收出口税费，达到其加快完善本国产业链条、促进经济增长的最终目的。考虑

图7－5 印尼禁矿消息刺激镍价上行

资料来源：同花顺 iFind，国泰君安期货。

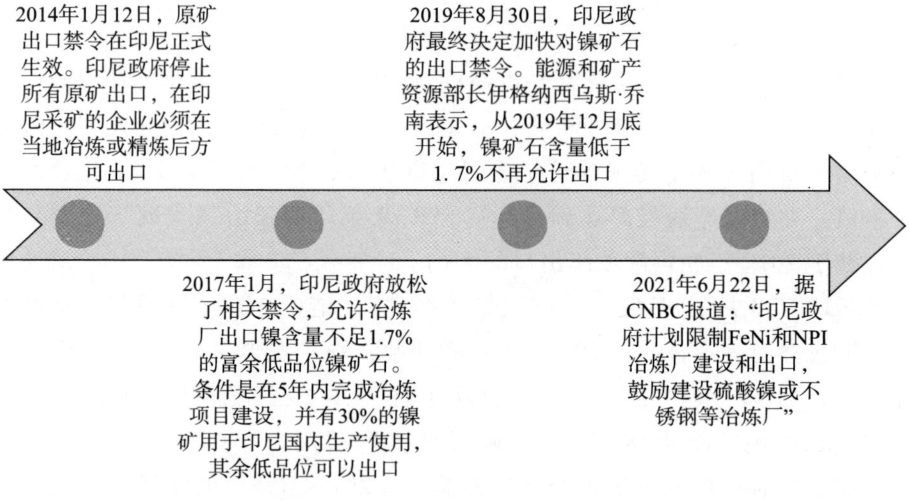

图7－6 印尼禁矿的历史演变

资料来源：Wind，国泰君安期货。

到印尼举足轻重的行业地位，其政策必将很大程度上影响镍产业链的供应基本面，限制低含量镍产品出口或对其加以征收出口税费，将使市场供应有所减少或一定程度上抬升产业链下游成本，镍价在此预期下或再度迎来支撑。

印尼政府始终希望促进外国资本参与本国产业投资，完善本国产业链条，提高产业链产品经济效益，逐步由矿产端引向冶炼端并最终走向终端不锈钢和新能源产业。但时间进度或需要较长周期，产业链的布局和发展经历了十数年才有了现在的雏形，若印尼政府政策过严过快实施，自身也将面临较大问题，一方面，自有下游产能目前尚无法完全匹配逐年快速增加的中游冶炼产能，供应过量仍需依靠出口消耗；另一方面，如果政策调整在一定程度削减了产业链上外资企业利润，那么后续势必影响其他有意向进入印尼市场的外国资本，对印尼政府初衷产生负向反馈。最终的结果，可能是印尼政府通过不断释放信号以及政策缓步落地使外国投资者加速投资及产业布局。同时，印尼政府也需综合考虑政策所处时期当下的产能配套承接情况以及国内已有投资方的适度利益。

四、镍铁转炉高冰镍的诞生如何传导至镍价？

2021 年 3 月 3 日“高冰镍事件”导致镍价大跳水，属于事件驱动型行情。青山实业与华友钴业和中伟股份于 2021 年 3 月 1 日签订 10 万吨高冰镍供应协议。该项目的落地远超市场预期，市场认为过剩的镍铁行业打通进入新能源行业的大门，镍由结构性短缺变为全元素过剩。SHFE 镍价由 14.9 万元/吨下跌至 11.8 万元/吨，LME 镍价由 20110 美元/吨下跌至 15800 美元/吨（见图 7 - 7）。

红土矿—NPI—高冰镍工艺试验成功意味着 NPI 打通新能源大门，同时也改变了前期引导镍价上扬的核心逻辑。过去，不锈钢行业用镍与新能源行业用镍相对割裂，虽然不锈钢所需的 NPI 过剩，但是新能源所需的 MHP 原料短缺，镍结构性短缺。高冰镍工艺的落地将有效填补新能源对镍资源的需求，并且自该项目落地之后，NPI 与新能源行业的贯通，使镍从结构性短缺转为全元素过剩，重挫镍价。

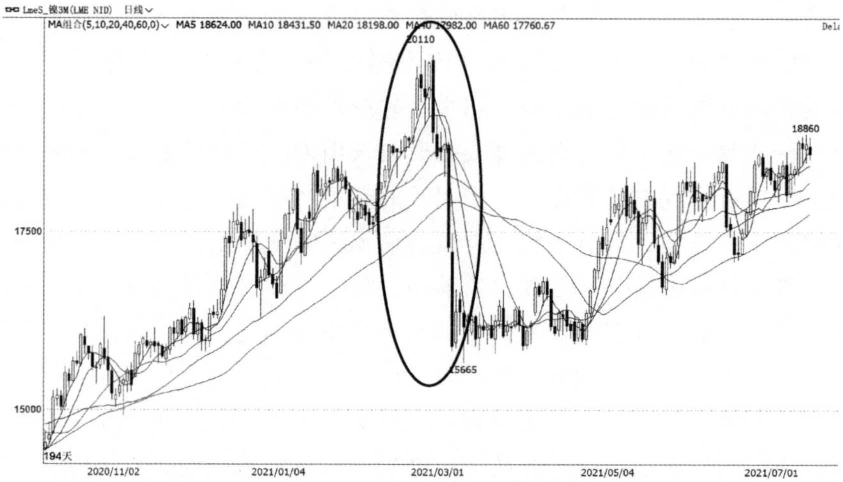

图 7-7 “高冰镍事件”导致镍价大跳水

资料来源：同花顺 iFind，国泰君安期货。

红土镍矿—NPI—高冰镍生产工艺成熟。第一步是火法冶金生产镍铁的主流工艺 RKEF（Rotary Kiln Electric Furnace）。第二步镍锍生产工艺，该工艺是在 RKEF 工艺的基础上进行调整，进而生产高镍锍，有两种实现方法。其一，红土镍矿经干燥和焙烧工序产出高温焙砂，焙砂进入电炉后与还原剂和硫化剂发生反应，其中硫化剂可选择黄铁矿、石膏、硫磺和含硫的镍原料等，电炉中还原硫化熔炼过程在 1500℃～1600℃下进行，该工序的产物为低镍锍。低镍锍运输至转炉中进行进一步吹炼，造渣期内铁先被氧化，形成转炉渣被排出，而镍和钴得到富集，进入最终产品高镍锍中。其二，通过 RKEF 冶炼过程产出的镍铁合金，可以送入转炉中进行硫化熔炼，镍铁与硫化剂反应生成低镍锍，低镍锍再经过吹炼产出高镍锍。与镍铁工艺不同的是，镍锍工艺产出的高镍锍中的钴可以得到进一步的回收（见图 7-8）。

下游在采购高冰镍后，可以通过酸体系加压浸出工艺生产硫酸镍，主流程一般为一段常压预浸和二段加压浸出，过程中镍优先浸出进入溶液，从而实现铜镍或镍钴的选择性浸出与分离。MHP 制取硫酸镍则采用酸解萃取的方法，一般以 98% 硫酸和阳极电解液为溶剂，将温度控制在 50℃～60℃进行反应，然后通过萃取除杂并分离镍钴得到硫酸镍溶液。

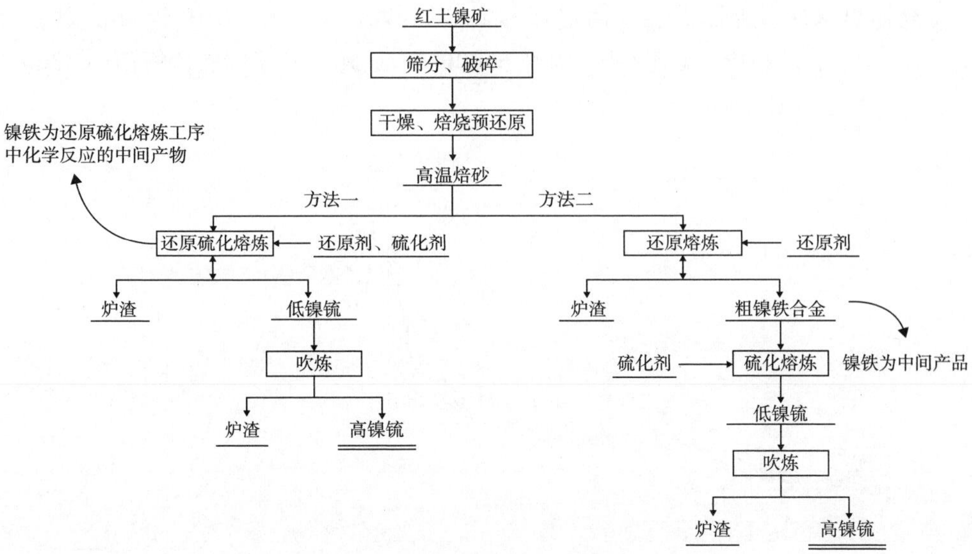

图 7-8　在 RKEF 工艺基础上改进生产高镍锍

资料来源：公开资料整理，国泰君安期货。

“红土镍矿—NPI—高冰镍—硫酸镍”工艺落地，NPI 打通新能源世界的大门，镍由结构性短缺转为全元素过剩，对镍价形成较大压制。短期价格整体偏弱，并且波动预计加大，一方面由于项目尚未落地，依然具有较大的不确定；另一方面，NPI 进一步加工至高冰镍取决于 NPI 与硫酸镍的价差，预计将加大短期波动。从中长期角度来看，镍价依然取决于新能源需求增速与镍项目供应增速的孰强孰弱。价格弹性预计收敛，随着火法工艺这一调节剂的引入，生产企业具有了根据利润和价格调节镍铁与高冰镍供应的能力，从而降低镍价的整体弹性。

五、LME 镍暂停交易的始末发生了什么?

俄乌冲突打响了 LME 镍战役的第一枪，2022 年 3 月初，LME 镍寡头式持仓浮出水面，伴随着经纪商追保和砍仓，战役白热化。LME 镍价于 2022 年 3 月 7 日由 29130 美元/吨上涨至 55000 美元/吨，3 月 8 日达峰值 101365 美元/吨（见图 7－9）。

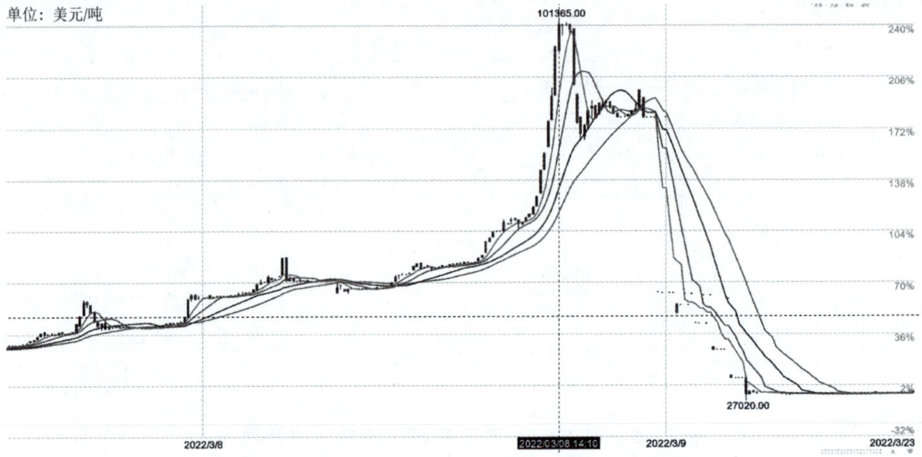

图 7－9　LME 镍价异常波动期间走势

资料来源：新浪财经，国泰君安期货。

导致镍价强势上行的因素在于强基本面背景下俄罗斯制裁带来的价格高弹性，镍价的上涨，在某种程度而言，已经“脱离基本面”。

从基本面来看，第一，库存矛盾定下基本面强势的基调。自 2021 年第二季度以来，全球镍显性库存持续处于快速去化的进程中，截至 2022 年 3 月初，全球镍显性库存合计 9.25 万吨，其中 LME 镍库存为 7.8 万吨，国内精炼镍社会库存降低至 2.1 万吨，处于历史极低水平，低库存为价格上行提供了坚实的基础。

第二，以俄乌冲突为引，进一步刺激镍价的上涨弹性。美国和欧盟等海外国家对俄罗斯发起制裁，制裁范畴包括对跨境物流、贸易和交易体系的限制，导致俄罗斯跨境业务遭受巨大阻力，乃至加剧市场对镍供应的担忧。

俄罗斯诺里尔斯克镍业（Norilsk）是全球最大的镍生产商，俄罗斯在镍供应端的地位举足轻重。Norilsk 俄罗斯本部年度镍产量 13 万～14 万吨，占全球镍供应量的4.4%；加上Norilsk芬兰工厂产量，Norilsk镍年产量达20万吨，占全球供应量的6.3%。Norilsk是LME和SHFE期货市场上重要的交割资源。

俄乌冲突发酵，欧美“金融核弹”制裁影响蔓延，制裁对俄罗斯跨境业务形成限制，对俄罗斯镍产品的影响不断蔓延。俄乌紧张局势持续，2022年3月2日起，美欧多国宣布对俄罗斯最新制裁，决定将部分俄罗斯银行排除在SWIFT（环球银行间金融通信协会）之外，并对俄罗斯央行实施限制措施，以防其配置国际储备，削弱制裁措施造成的影响。

制裁发生进而影响俄罗斯对欧美等国家的出口，全球镍豆市场Premium报价大涨。月内美国中西部升贴水报价由82.5美元/吨上涨至112.5美元/吨，荷兰鹿特丹港报价由175美元/吨提涨至270美元/吨。

第三，从交易面来看，海外LME市场镍持仓库存比已达到历年高位，期货市场多头和空头持仓较为集中，多空双方博弈激烈。

2022年3月16日，LME恢复镍期货交易，并将最大涨跌幅度设置为5%，但开盘即触发跌停随后将涨跌幅度扩大至8%，随后又扩大至12%。重启交易后，连续4个交易日跌停至上涨前的高度27000美元/吨。3月22日转折两次触及涨停，于3月25日上涨至40700美元/吨。

自测题

1. 2005—2007年，全球经济过热，大宗商品价格普遍上涨，LME镍价(　　)。

A. 走势稳定　　B. 大幅上行

C. 大幅下行　　D. 窄幅震荡

2. 2008年金融危机导致大宗商品价格暴跌，随着后续财政和货币刺激，镍价走势(　　)。

A. 先扬后抑　　B. 先抑后扬

C. 大幅上行　　D. 大幅下跌

3. 镍历史重大事件不包括以下（　　）。

A. RKEF 新工艺产能释放　　B. 印尼对红土镍矿的出口实施禁令

C. 印尼镍中间品的火法工艺落地　　D. 新能源对镍资源形成需求

4. 2006 年以前，全球镍冶炼工艺主要是（　　）。

A. 红土镍矿冶炼　　B. RKEF 冶炼

C. 镍铁冶炼工艺　　D. 硫化镍矿冶炼

5. RKEF 工艺不包含以下（　　）的工艺。

A. 干燥　　B. 焙烧—预还原

C. 电炉熔炼　　D. 高炉冶炼

6. 印尼曾在（　　）年初实施了第一次的禁矿令，而这个决定早在印尼 2009 年颁布的《矿业法》中就已经提及。

A. 2014　　B. 2017

C. 2019　　D. 2021

7. 从矿的角度讲，2014 年镍价先涨后跌的主要原因是（　　）。

A. 2014 年初，实施第一次的镍矿禁令

B. 镍矿进口量锐减

C. 禁矿后，菲律宾镍矿供应放量

D. 港口镍矿库存高企

8. 2021 年 3 月 3 日"高冰镍事件"，镍价走势（　　）。

A. 大幅跳水　　B. 偏强运行

C. 区间震荡　　D. 先扬后抑

9. 俄罗斯在镍供应端的地位举足轻重，占全球供应量的（　　）。

A. 6%　　B. 10%

C. 20%　　D. 30%

10. 2022 年 3 月 16 日，LME 恢复镍期货交易后，第一个交易日最大涨跌幅度设置为（　　）。

A. 12%　　B. 5%

C. 8%　　D. 未设置涨跌幅度限制

参考答案

1. B　2. B　3. D　4. D　5. D　6. A　7. C　8. A
9. A　10. B

第八章

影响不锈钢期货价格的主要因素

一、影响钢价与镍价的因子有哪些共性？

在期货市场上，虽然影响不锈钢价格和镍价变动的因素较多，但不锈钢和镍属于上下游关系，很多影响可以从上游市场传导至下游市场，也可以从下游市场反馈至上游市场。因此，这些因素之间往往存在一定联系和共性，这些共性可以归结于经济周期、产业政策、市场供需、技术创新以及生产成本等方面。

以经济周期为例，钢铁行业是国民经济中的基础性产业，是与经济周期关系最为密切的行业之一。虽然经济周期性波动是客观存在的规律，但是不锈钢市场往往是随着宏观经济的波动而跌宕起伏。在经济周期方面，无论是处于繁荣、衰退，还是萧条、复苏时，镍和不锈钢在同一周期下，价格变动往往会表现出相同趋势。

在经济政策方面，无论是针对不锈钢市场或镍市场，还是整个经济大环境，政策的影响总是会通过产业链进行传导和覆盖。以进出口贸易政策为例，印尼一旦提升了镍的出口关税或限制镍的出口，就会增加中国进口镍成本，从而抬高下游不锈钢的生产成本，对上下游市场价格造成冲击。从不锈钢角度出发，若是国家出台了刺激不锈钢终端制品消费需求的政策，就会推动不锈钢产量的上升，最终带动镍的需求增长。从经济大环境来看，若是国家的货币政策或财政政策出现较大变化，则镍与不锈钢行业都将受到相应冲击。

在市场供需方面，无论是上游市场供需格局发生改变还是下游市场出现变动，都将会影响同一产业链上的商品价格变动。假设目前市场上不锈钢消费低迷，工业需求较低，价格支撑力弱。此时，作为不锈钢主要原材料的镍也会受到影响，因为低迷的不锈钢消费需求将降低不锈钢企业对镍的需求，从而造成镍的过剩或价格下滑。

技术创新和生产成本往往关联紧密，通常来说，技术创新可以降低企业生产成本，从而影响产品的市场价格。比如某一新技术的运用可以有效降低不锈钢生产过程中镍的使用，那么将显著降低不锈钢的生产成本。但是，这一过程降低了镍的消费量，会造成镍的需求降低，从而影响镍的价格变动。

二、不锈钢的成本结构如何拆分？

不锈钢的成本包括原材料成本、制造成本、管理费用以及财务费用等，其中原材料成本和制造成本占比较大。在原材料成本中，镍的消费占据了近一半，是影响不锈钢成本的重要因素。而镍主要用于生产不锈钢，消费量受不锈钢生产驱动，近年来动力电池领域镍需求增长快速，进一步拉动了镍的消费，抬升了镍的价格，造成不锈钢成本增加。

从价格相关性来看，不锈钢价格与电解镍价格的相关性在 2017 年之前保持在一个较高的水平上，近年来两者价格相关性出现下降（见图8－1），主要有两个原因：第一，在2022年镍的供需结构中，“镍铁－不锈钢”的线条与电解镍定价相对割裂，而镍合金和新能源等广阔的发展前景给镍带来了新的需求溢价。第二，随着不锈钢生产工艺的发展，企业为了降低成本大量使用镍铁代替电解镍的一步法工艺冶炼不锈钢，使不锈钢成本与电解镍价格相关性降低。

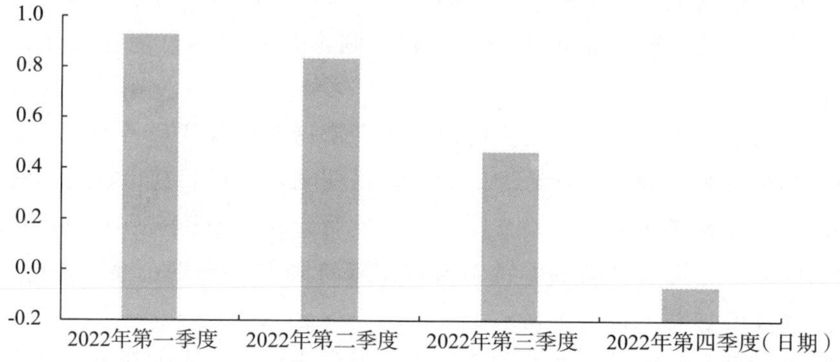

图8－1　沪镍主力与不锈钢主力的相关性系数

资料来源：同花顺 iFind。

不锈钢按照化学成分分类，主要分为铬系（400系）、铬镍系（300系）和铬镍锰氮系（200系，也称为锰系不锈钢）。铬镍系不锈钢（300系）具有优异的耐腐性、成型性以及在较大温差范围内的强韧性，应用于重工业、轻工业、生活用品行业以及建筑装饰等行业。从组织结构角度看，300系不锈钢主要包括奥氏体不锈钢和双相不锈钢。奥氏体不锈钢具有面心立方晶体结构，含铬量大于18%，还含有8%左右的镍及少量钼、钛、氮等元素。双相不锈钢具有奥氏体和铁素体的双相结构，含铬量为18%～28%，含镍量为3%～10%，部分双相不锈钢还含有钼、锶、锑等合金元素，具有超塑性（见表8－1）。

上海期货交易所上市的不锈钢期货标的就是300系的奥氏体不锈钢，交割品牌号要求为国标06Cr19Ni10或日标SUS304（即旧牌号：0Cr18Ni8）。奥氏体不锈钢的特性包括主要金属元素是铬和镍，热处理不能使其硬化，但冷加工可使其显著硬化，无磁性（冷加工有时会使其具磁性），以及优异的成型性和焊接性等。

表 8-1　　符合交割质量要求的不锈钢化学成分（质量分数）

化学成分	C	Si	Mn	P	S	Ni	Cr	N
质量分数(%)	0.07	0.75	2	0.045	0.03	8.00~10.50	17.50~19.50	0.1

资料来源：上海期货交易所。

冶炼 304 不锈钢核心原料是镍铁、废不锈钢、镍板、高碳铬铁等。由于每家钢厂设备和工艺有一定差异，获取原料的渠道和价格也差异较大，使每家钢厂原料配比情况各不相同（见图 8-2、图 8-3、图 8-4）。其中，假设镍铁在镍原料中的配比率在 70% 以上，废不锈钢在镍原料中的配比率约为 22%，镍板在镍原料中的配比率约为 3%，则核心原料成本 =（镍铁价格 × 75% + 废不锈钢价格 ×22% + 镍板价格 ×3%）/100 ×8% + 铬铁价格 ×0.36。

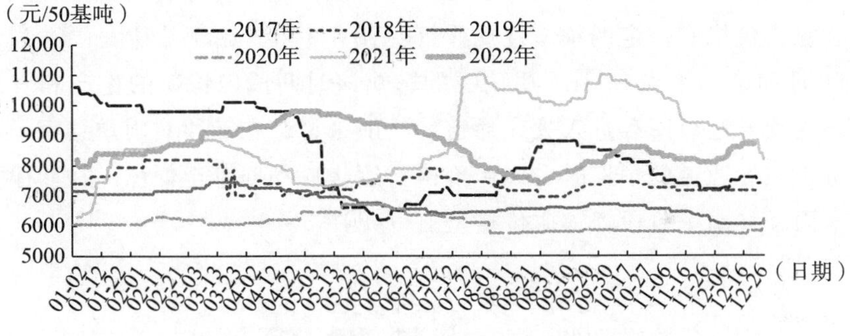

图 8-2　2017—2022 年高碳铬铁价格（FeCr55C1000，内蒙古）

资料来源：上海钢联，国泰君安期货。

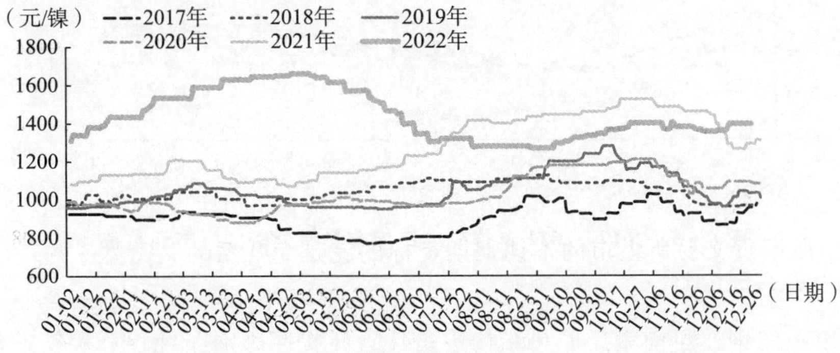

图 8-3　2017—2022 年镍铁价格（8%~10%Ni）价格

资料来源：上海钢联，国泰君安期货。

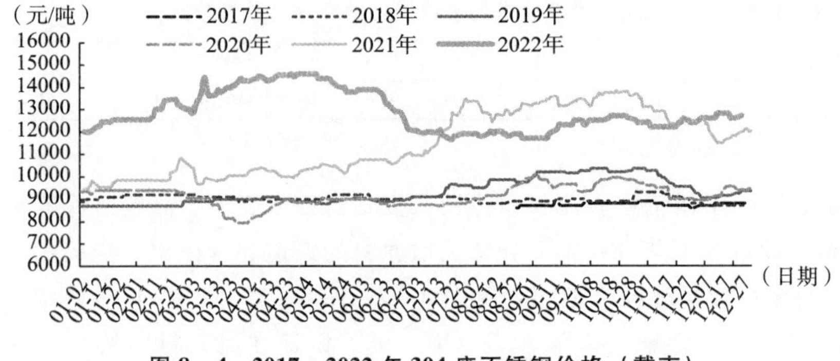

图 8-4 2017—2022 年 304 废不锈钢价格(戴南)

资料来源:上海钢联,国泰君安期货。

不锈钢成本也具有一定的季节性特征,主要是因为原材料成本构成中的镍铁、镍矿价格有一定的季节性规律(见图 8-5)。由于菲律宾雨季为每年 10—11 月和第二年 4—5 月,受雨季的影响该时间段内镍矿的生产和发运受阻,国内镍矿港口库存进入去化通道。一般来说,在菲律宾雨季结束、镍矿存在进入累库通道的预期时,镍矿价格将逐步松动回落至低位。在菲律宾即将迎来雨季和雨季阶段,镍矿价格坚挺(见图 8-6)。

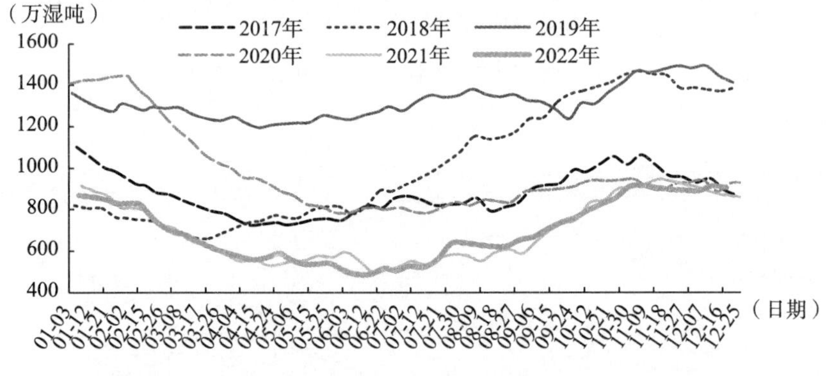

图 8-5 2017—2022 年镍矿港口库存具有显著的季节性特征

资料来源:上海钢联,国泰君安期货。

废不锈钢在目前钢厂原料结构中占比逐年提高,对于纯镍和镍铁的使用均有一定的替代性。究其原因,在定性角度下,废不锈钢相对镍铁在部分时间段也显示出低价优势。2022 年资源综合利用增值税政策落地,进一步完

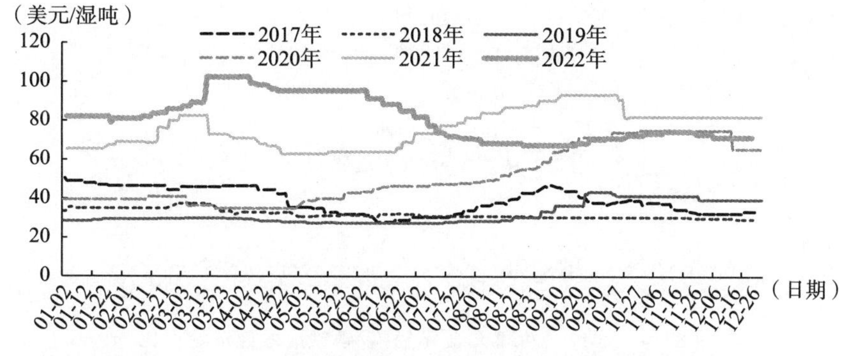

图 8-6　2017—2022 年菲律宾红土镍矿价格（CIF 平均价 1.5%）

资料来源：上海钢联，国泰君安期货。

善了再生资源增值税的问题，产业政策规范化以及国家对钢厂使用再生资源原料的鼓励，使装备有电炉、AOD 炉等设备的钢厂废不锈钢使用比例趋于上涨。定量角度下，废不锈钢经济性优势较为突出。一方面，近年来纯镍经济性愈渐减弱，当下纯镍在 300 系中占据不到 2% 的比例，权重下滑严重，这点在电解镍与废不锈钢价格之比的逐年提升中能寻到答案；另一方面，对比 2022 年年内镍铁与废不锈钢价格，能够得出 2022 年废不锈钢经济性长期优于镍铁（除去 2022 年 8—9 月废不锈钢/折算镍铁价格大于 1 的阶段）的结论，使钢厂废钢使用比例维持高位（见图 8-7、图 8-8）。

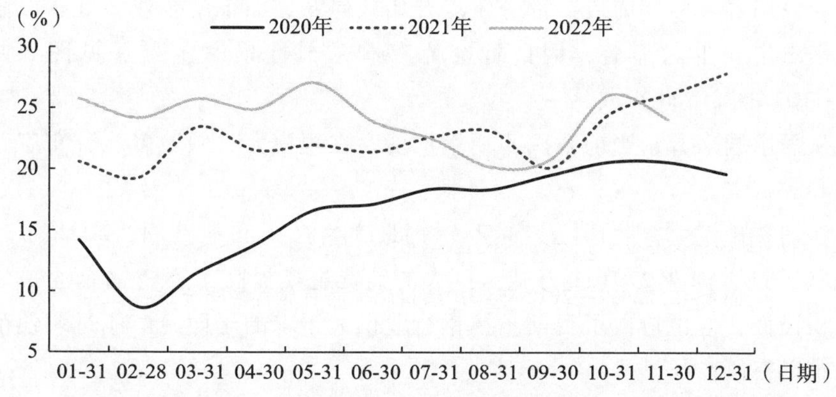

图 8-7　2020—2022 年 300 系不锈钢企业使用废不锈钢的比例

资料来源：上海钢联，国泰君安期货。

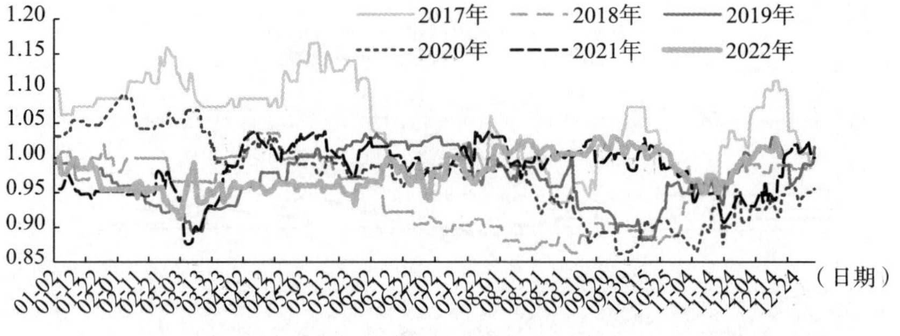

图 8-8　2017—2022 年废不锈钢/镍铁成本经济性对比

资料来源：上海钢联，国泰君安期货。

三、不锈钢有什么生产和消费特性？

我国为全球第一大不锈钢生产国，产能占比接近全球的60%。也正因为如此，国内不锈钢供应端的自主定价权较大。由于不锈钢产能空间巨大，生产端更多从季节性特征以及基于利润灵活调整排产的开工率上影响价格。一般在农历春节假期前后，部分钢厂开始减停产，而下游企业多处于放假模式，需求走弱更为显著，因此社会库存有季节性累库压力（见图 8-9、图 8-10、图 8-11）。

从需求端来看，当前我国不锈钢消费存在规模大、领域多、分布广、增速温和等特点。

在消费规模上，我国已经是不锈钢最大生产国和消费国，2021 年产量 3263.3 万吨，消费 2791.1 万吨。巨大的消费规模提高了不锈钢企业扩建产能的积极性，但也造成了目前不锈钢行业供大于求的局面，产能过剩使市场价格难以有所增长。

在消费领域上，不锈钢主要用于下游的金属制品、机械工程、建筑装饰、电力机械、机动车辆及部件和其他交通等行业。

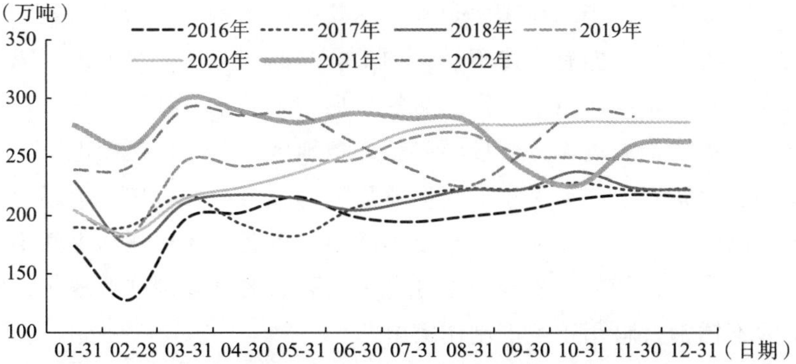

图 8－9 2016—2022 年中国不锈钢产量

资料来源：上海钢联，国泰君安期货。

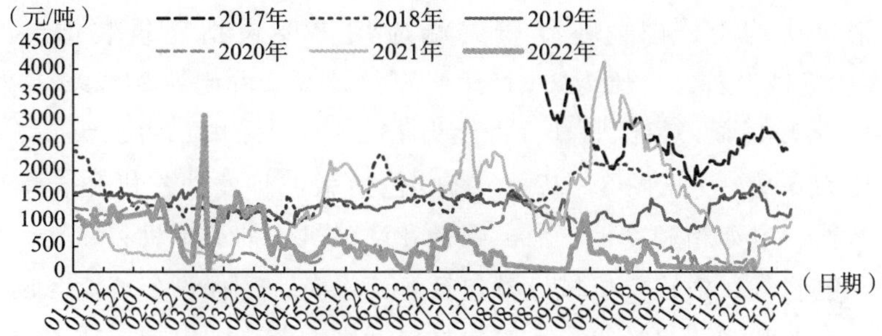

图 8－10 2017—2022 年 300 系不锈钢生产利润

资料来源：上海钢联，上海有色网，国泰君安期货。

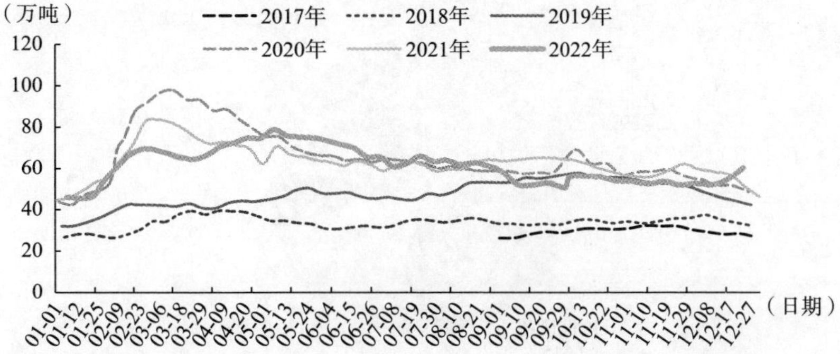

图 8－11 2017—2022 年中国不锈钢社会库存季节性特征显著

资料来源：上海钢联，国泰君安期货。

在地区分布上，华东和华南是我国主要的不锈钢生产和消费地区。华东地区工业门类齐全，拥有众多不锈钢加工与制品产业群。华南地区以佛山市场最具代表性，是以民用不锈钢为主的市场。不锈钢以江苏无锡和广东佛山为主要流通市场，通过无锡市场辐射长三角地区，其中以昆山电子、张家港洗涤设备、永康五金和慈溪家电等产业集群为代表。通过佛山市场辐射珠三角地区，以广州汽车、深圳和东莞电子通信、茂名石化机械和湛江小家电等产业集群为代表，其中广东佛山地区是中国著名的家电制造业地区，每年都有大量的不锈钢材料用于生产制作家电。

在消费增速上，因为不锈钢的消费增速与经济趋势的相关性非常强，在经济周期的不同阶段，不锈钢消费需求增速有着不同的表现。目前，中国已经跨越了快速增长阶段，正处于供需温和增长时期。

在消费结构上，国内不锈钢终端应用主要包括建筑装饰，占比为16.09%、机械设备，占比为23.15%、石化设备，占比为24.29%、轨道交通，占比为7.46%、餐饮器具，占比为15.51%、家电，占比为6.6%和其他，占比为6.9%（见图8－12）。家电包括微波炉、洗衣机和干燥机、太阳能热水器、电冰箱和冷柜、消毒碗柜和洗碗机、抽油烟机和燃气灶、饮水机水罐和电暖气反射罩。机械设备包括海工设备、环保设备、能源设备、食品工业、农业和制药机械等，建筑建材包括表面装饰、电梯。轨道交通类包括地铁、汽车的风挡雨刷、模制品和消声器等汽车配件。

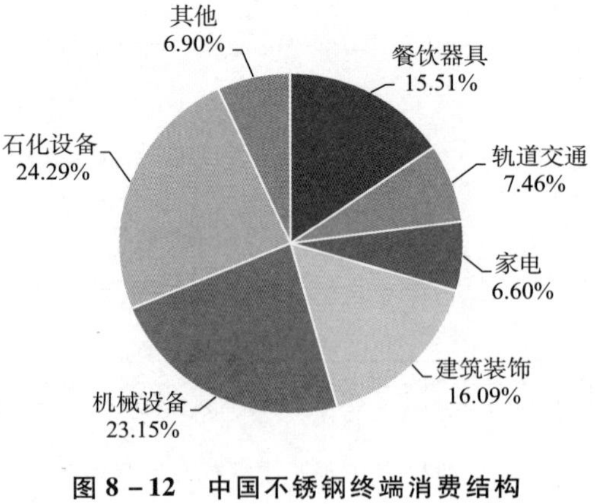

图8－12 中国不锈钢终端消费结构

资料来源：上海有色网，国泰君安期货。

从定量角度来看，不锈钢消费量与地产施竣工面积、电梯产量、汽车产量、工业锅炉产量和白色家电产量等数据的线性相关性较强（见图 8－13、图 8－14、图 8－15、图 8－16）。

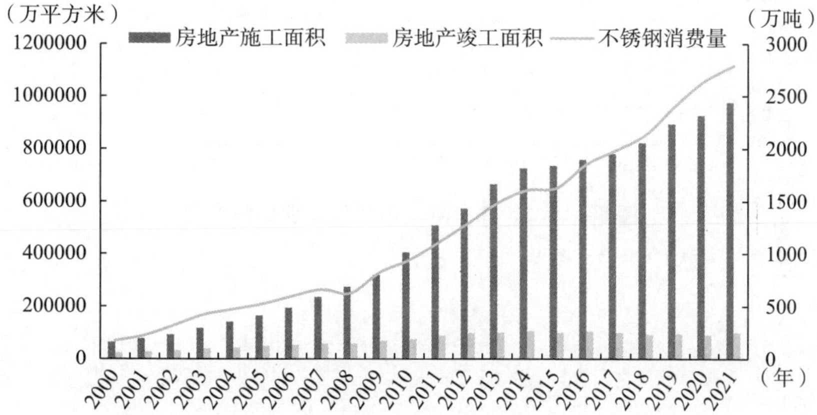

图 8－13　2000—2021 年中国房地产施工和竣工面积与不锈钢消费量正相关性较强

资料来源：上海有色网，同花顺 iFind，国泰君安期货。

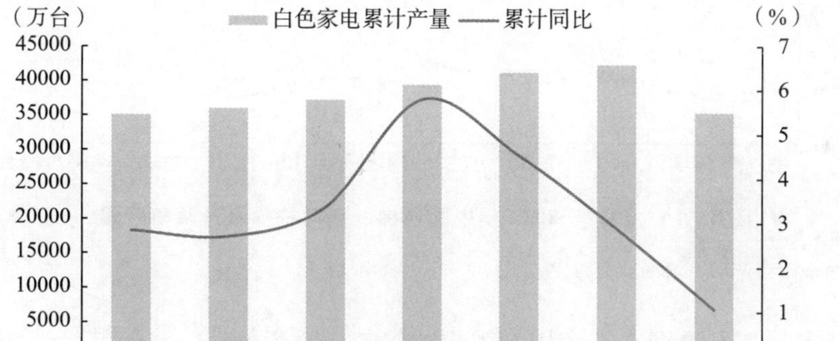

图 8－14　中国白色家电产量

资料来源：同花顺 iFind，国泰君安期货。

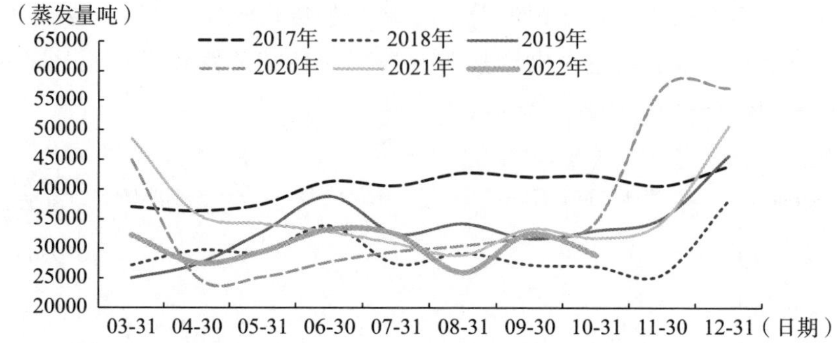

图 8－15　2017—2022 年中国工业锅炉产量

资料来源：Wind，国泰君安期货。

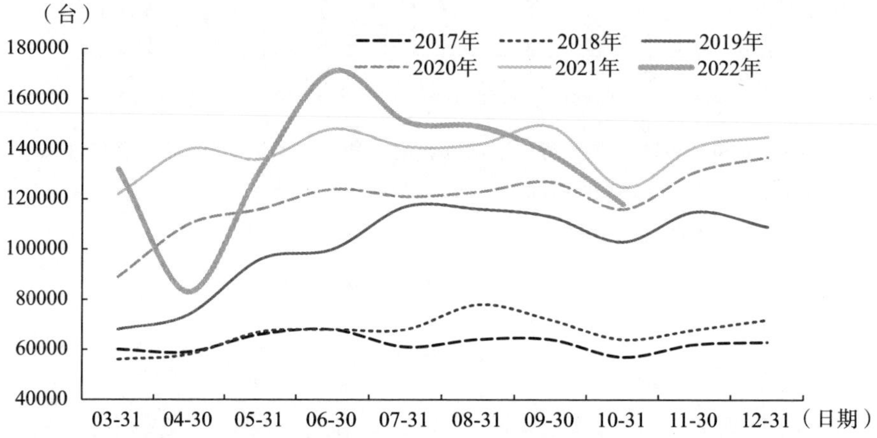

图 8－16　2017—2022 年中国电梯、自动扶梯及升降机产量

资料来源：Wind，国泰君安期货。

其中，与不锈钢终端应用最为相关的是房地产行业，建筑装饰、餐饮器具等行业与房地产行业的后周期链条息息相关，房地产行业的景气度通常指向不锈钢消费的表现。2022 年房地产行业销售端持续低迷，资金链压力巨大，叠加疫情掣肘导致的停工及施竣工延后，均给 2022 年房地产链后端造成了超预期的负面冲击，2022 年全年竣工面积呈现较大幅的同比减量。因此，受到房地产链条的拖累，2022 年不锈钢订单欠佳。预计在政策利好频发的刺激之下，2023 年房地产销售端将呈现缓慢复苏态势，从而给予开发商更多资金回笼机会，带动房企投资意愿，使拿地、开工等可以跟随性修复。而竣工端受益于“保交楼”政策的有效保障，及回补 2022 年停工的缺失，将有更为积极的表现，有望带动房地产后周期类商品的消费回暖，从而拉动建筑装饰、餐饮厨具等领域不锈钢消费正增长。

聚焦家用电器板块，2022 年空调、冰箱、冰柜以及洗衣机产量累计同比均处于偏低位置，系房地产竣工端疲软叠加疫情影响消费等所致。2023 年国内房地产竣工存低位修复预期，将有望带动国内家电领域的消费增速打开上方空间。

化工板块，站在国内龙头化工企业购建固定资产、无形资产和其他长期资产支付的现金占营业收入比例的角度来衡量化工企业资本开支的意愿，2022 年经历了较为显著的触底阶段（见图 8－17），化工设备的不锈钢消费亦承压。这段阵痛之后，后续经济企稳复苏，需求端或驱动供应修复，促进新扩建产能开工与落地兑现，支撑不锈钢在化工板块的消费演绎正增趋势。

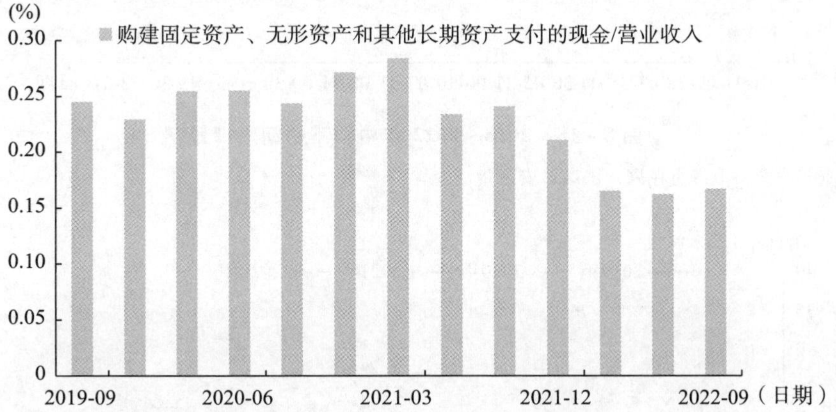

图 8－17　2022 年国内龙头化工企业购建固定资产的意愿低迷

资料来源：同花顺 iFind，国泰君安期货。

四、不锈钢进出口格局是什么样的？

2001 年，我国不锈钢出口量仅为 4.5 万吨，2010 年增长至 153.8 万吨，我国由不锈钢净进口国变为净出口国。2010 年以后，我国不锈钢出口量继续大幅提升，2021 年达到了 446.1 万吨，创历史新高。

目前，我国不锈钢进口最大来源国为印尼，主要由于国内青山和德龙等不锈钢企业拓展海外版图，在印尼投放产能。截至 2022 年，国内不锈钢企业在印尼投放的 300 系不锈钢产能约 700 万吨。部分印尼不锈钢回流至国内产生进口数量（见图 8－18、图 8－19、图 8－20）。

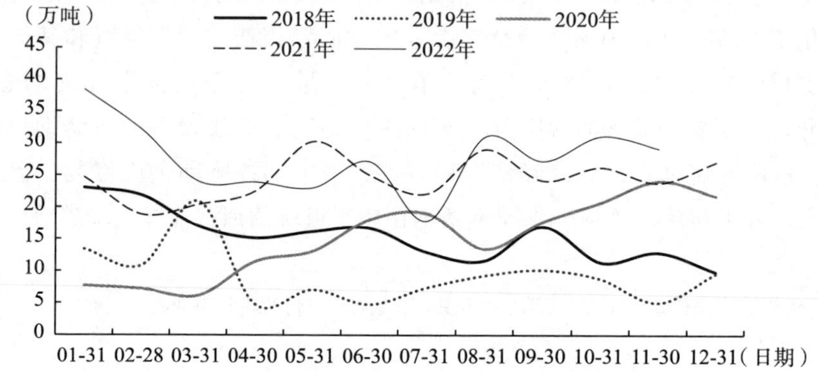

图 8－18　2018—2022 年中国不锈钢进口量

资料来源：上海有色网，国泰君安期货。

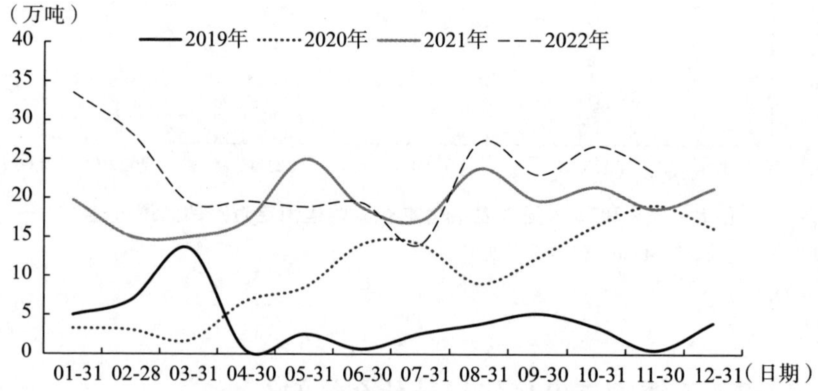

图 8－19　2019—2022 年印尼不锈钢进口量

资料来源：上海有色网，国泰君安期货。

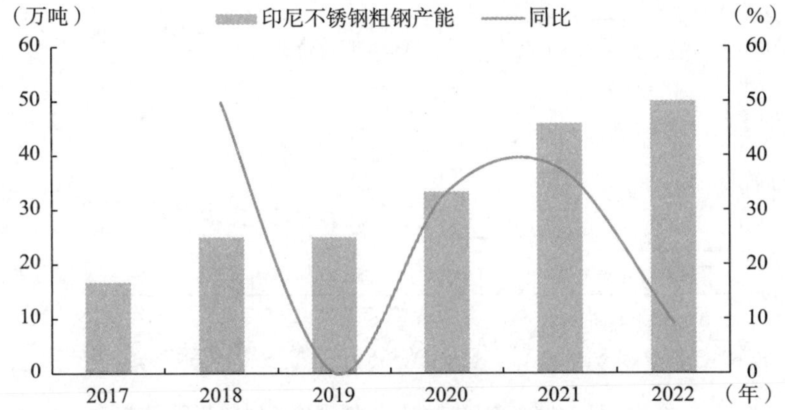

图 8－20　2017—2022 年印尼不锈钢产能逐年扩张

资料来源：上海钢联，国泰君安期货。

从进口依赖转变为大量出口，中国的不锈钢进出口贸易格局出现了逆转。目前阶段，作为全球最大的不锈钢生产国，中国每年对外出口大量的不锈钢产品。基于比较优势理论，中国在不锈钢生产上具有规模经济优势，但同时也需要关注出口利润的变动。若国际关税、跨国运输、海外市场供需等发生改变，将直接影响不锈钢出口企业的利润预期，从而影响国内外供需格局，进而影响不锈钢的价格变动。比如，印度为了刺激国内不锈钢市场，取消了印度不锈钢出口关税，这一做法将改变不锈钢的国际进出口贸易格局。从影响来看，印度取消不锈钢出口关税将提升印度不锈钢的出口竞争力，从而对中国的不锈钢出口造成负面影响，降低了中国不锈钢出口竞争力，进而拉低了中国不锈钢的海外销量。外销受阻，将对国内不锈钢价格产生负面影响。2021 年，由于海外不锈钢定价体系与国内存在显著差异，在海外不锈钢价格大幅上涨背景下，利润驱动不锈钢出口激增，对于不锈钢价格产生了正面刺激（见图 8－21、图 8－22）。

以不锈钢价格涨幅最大的欧洲为例，欧洲不锈钢定价体系与我国不同，其定价体系一般由基价（Base Price）、合金附加费（Alloy Surcharge）和其他附加费（Extras）三个要素共同组成。此外，由于 2021 年能源价格超预期飙升，部分企业增加了能源附加费（Energy Surcharge）。定价结构中不同的组成部分蕴含了不同的信息，其中，附加费主要诠释不同产品表面处理、

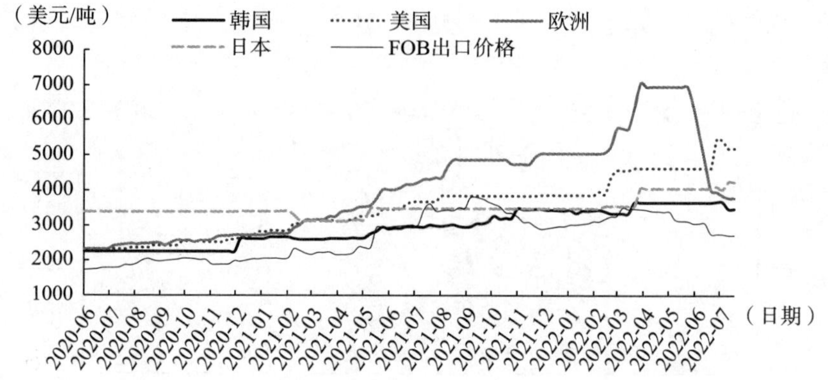

图 8－21　2021 年以来海外不锈钢价格涨幅甚于国内

资料来源：上海钢联，国泰君安期货。

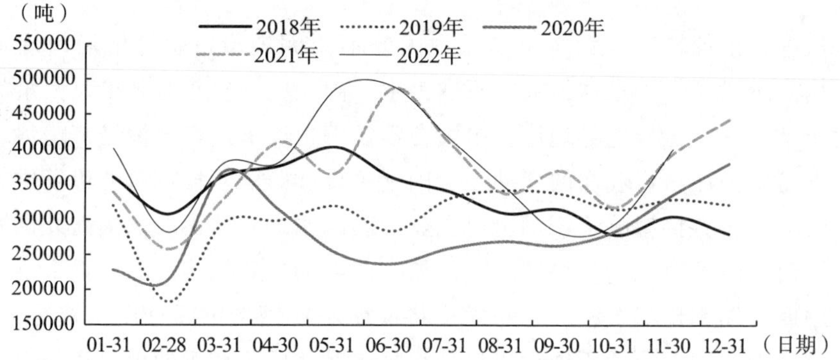

图 8－22　2018—2022 年中国不锈钢出口量

资料来源：上海钢联，国泰君安期货。

包装和厚度等方面的差别，用于区分非标准化产品与标准化产品，该部分定价基本保持稳定，弹性较基本价格、合金附加费以及能源附加费等小。

（一）不锈钢基价由生产商与下游客户按月度频率单独协商，不随原材料价格波动而调整，主要囊括区域内不锈钢供需格局的变化

欧洲地区不锈钢价格重心的上移尤为显著，其中一部分原因在于供需缺口逐步显现。后疫情时代扩张性的财政和货币政策层出不穷，刺激消费端强劲复苏，耐用品、建筑和重工业等终端市场对于不锈钢的需求空间大幅扩

张，供需矛盾愈加凸显。2020 年新冠疫情席卷全球，供需两端双弱。随后需求端迅速反弹，然而欧洲本土不锈钢产量增量有限，供需缺口逐步加大。不锈钢生产商奥托昆普（Outokumpu）称，虽然生产端在 2021 年的产量尽力追赶消费量，但是，需求端增长强劲仍然导致了其欧洲地区的订单交付周期增至多年高点，分销商库存水平也处于历史低位。

欧洲当地不锈钢供应并不能够完全满足区域内的所有消费需求，需要依赖进口补充。国际不锈钢协会（ISSF/ World Stainless）数据显示，2020 年欧洲地区不锈钢的进口依赖度超过 20%。欧洲不锈钢需求端在 2021 年迅速恢复，然而本土供应增量有限，在需要增加进口的时间段中，跨区域贸易却存在瓶颈。2021 年，港口拥堵、劳动力短缺等物流瓶颈问题使亚洲不锈钢生产商的交付周期延长，同时伴随着海运费加速抬升，使部分加工材料企业望而却步。受海运因素的掣肘，欧洲地区不锈钢的贸易量流入无法及时、大量地对供应端进行补充，难以迅速调和区域内不锈钢供需之间的矛盾。由于跨区域贸易存在到货节奏不稳定以及成本高企的缺陷，下游在一定时间段内更倾向于选择在区域内采购不锈钢，反而催化了供需矛盾往更激烈的方向演绎。

纵览后疫情时代，欧洲地区不锈钢需求端的复苏节奏较供应端更快，幅度也更大，叠加海运因素的干扰，欧洲地区不锈钢供需矛盾激烈，自从进入 2021 年起，欧洲地区不锈钢的基本价格逐步调增（见图 8－23）。

图 8－23　2017—2021 年 Acerinox 在欧洲地区的基价上调情况

资料来源：Acerinox，国泰君安期货。

（二）金属原材料成本抬升，欧洲合金附加费连上台阶

除了不锈钢本身供需存在矛盾之外，原材料价格急剧上升同样成为了有力的推手，不锈钢价格随之飙涨。海外不锈钢原材料价格的波动，通常会较快地传导至不锈钢的销售价格当中，这与海外不锈钢的定价模式息息相关。原材料价格走势变化，即对应海外不锈钢定价体系中的合金附加费部分的调整。

不锈钢使用镍、铬和钼等金属作为原材料，其中镍和钼均为 LME 上市品种，市场化程度高，以致价格波动较为灵敏。合金附加费主要参考每种金属原材料在固定一段时期中的平均价格，减去相应的恒定参考值（P_0，不同生产商设定的参考值不同）得到差额，再乘以金属材料在不锈钢中的质量百分比（ω）来计算，最后将各原材料价格上调所产生的合金附加费加总，公式如下：

$$\text{Alloy surcharge} = \sum\left[\left(\frac{\sum_{i}^{t} P_i}{t} - P_0\right) \times \omega\right]$$

合金附加费的设定，主要是为了抵消不锈钢原材料中所含的镍、铬、钼和锰等价格迅速上涨或者下跌时带来的盈亏变化，应对这些金属价格的不可预测性，对冲生产商暴露在成本端的风险，将原材料价格波动传递给下游客户。在不锈钢合金附加费的计算过程中，存在生产商的制造工艺不同也就是不锈钢生产时用到各原料的比例不一的因素，因此不同工厂计算合金附加费的公式或有一定差异。不过，即使合金附加费中各原材料的比例并没有在行业内进行统一，但是能够确定的是，镍、铬等原材料由于价格昂贵，其价格波动紧密牵连着业内所有工厂的生产成本。西班牙不锈钢生产商阿赛里诺克斯集团（Acerinox）在 2021 年年报中提到，2021 年，原材料成本占产品总成本的 65% ~70%，其中镍成本占 40% ~50%，显示原材料中镍的成本变化举足轻重。

2021 年以来镍价格的涨幅尤为显著，铬铁价格亦逐步抬升，两者给不锈钢成本端造成了不容忽视的冲击，海外生产商通过上调合金附加费来释放成本线上移的压力，最终原材料价格上行反映在销售价格中，即将压力转嫁

至消费者承担。以 Outokumpu 的 304/4301 型号不锈钢（符合欧洲标准 EN 1.4301，X5CrNi18－10，为含铬 17.5%～19.5%，含镍 8.0%～10.5% 的奥氏体不锈钢，与国标 GB/T 3280－2015《不锈钢冷轧钢板和钢带》要求的 06Cr19Ni10 即上期所交割品基本接近）为例，2022 年该产品合金附加费最高超过 4000 美元/吨，涨幅高达 141%（见图 8－24、图 8－25、图 8－26）。

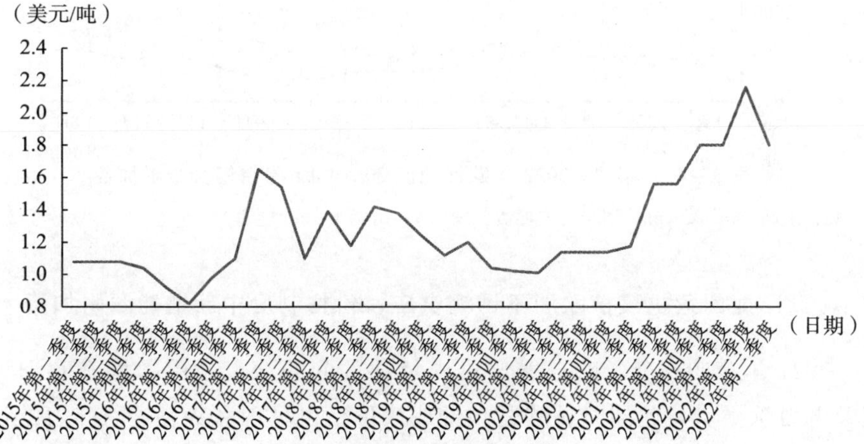

图 8－24　海外铬铁价格

资料来源：Outokumpu，国泰君安期货。

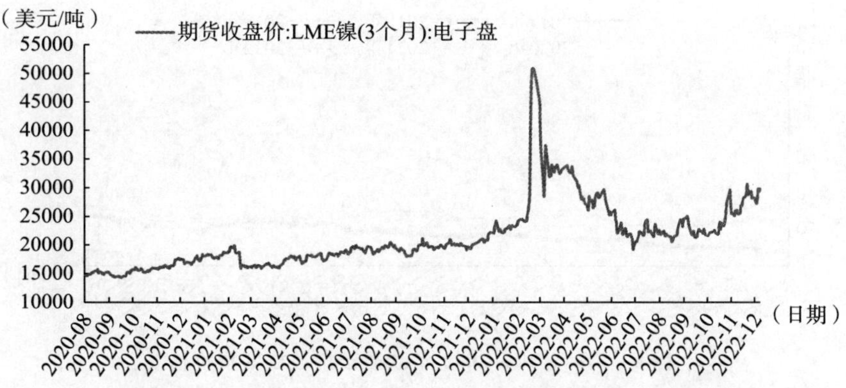

图 8－25　2020—2022 年镍价抬升刺激欧洲合金附加费上涨

资料来源：同花顺 iFind，国泰君安期货。

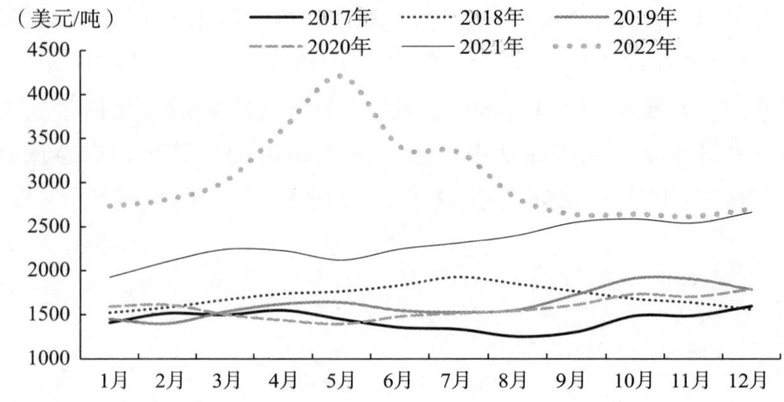

图 8-26 2017—2022 年欧洲地区 304/4301 不锈钢合金附加费

资料来源：Outokumpu，国泰君安期货。

（三）能源危机裹挟欧洲不锈钢供应，价格制度中新增能源附加费

2021 年第四季度，欧洲能源供应短缺的问题深度发酵，推升欧洲天然气及电力价格。与此同时，欧盟碳排放权价格也呈现涨势。这意味着欧洲地区的不锈钢生产企业除了要面临金属原材料价格上升之外，还需要负担远超历史同期的能源成本（见图 8-27、图 8-28、图 8-29）。

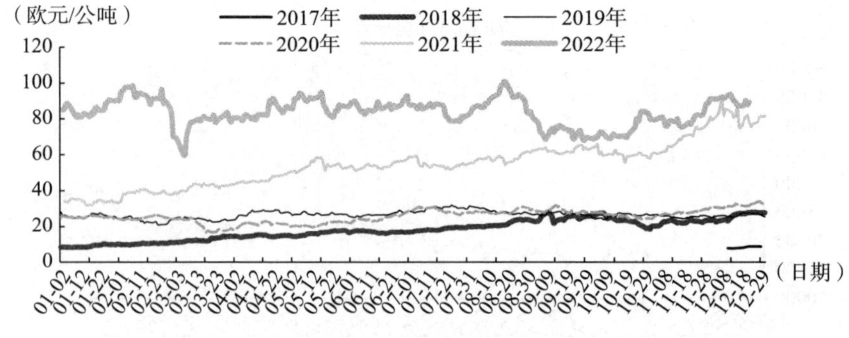

图 8-27 2017—2022 年欧盟碳排放权期货价格

资料来源：Bloomberg，国泰君安期货。

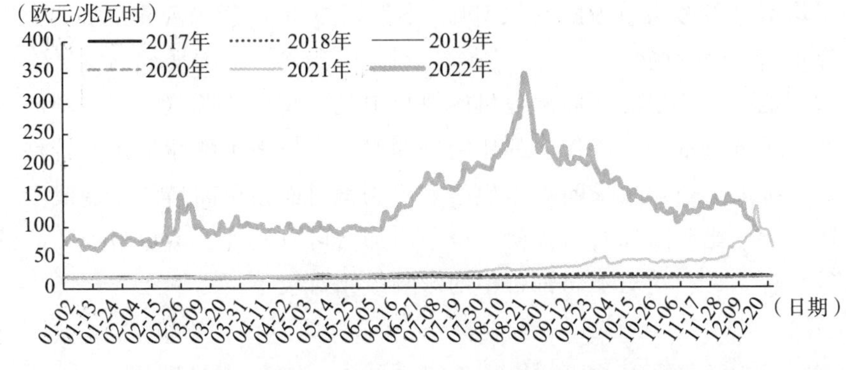

图 8－28　2017—2022 年欧洲大陆基准天然气期货价格

资料来源：Bloomberg，国泰君安期货。

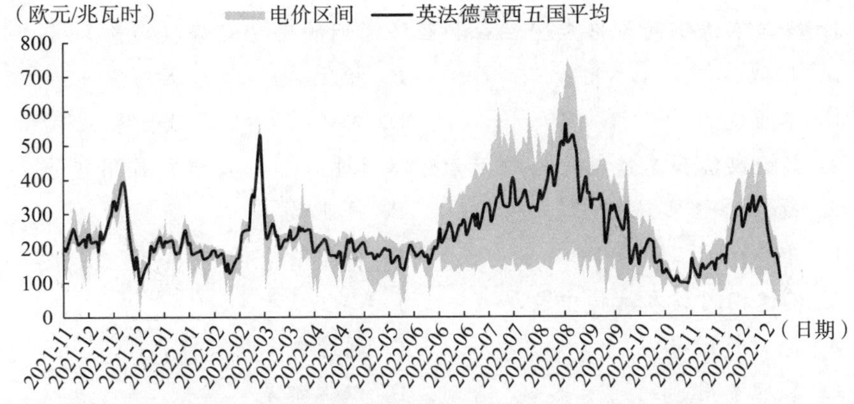

图 8－29　2021 年 11 月—2022 年 12 月欧洲电力价格

资料来源：Bloomberg，国泰君安期货。

欧洲原有的不锈钢定价制度，暂未涵盖对除金属原材料以外的成本波动的考量，使不锈钢生产商无法对冲能源与碳排成本上涨所带来的盈亏风险。欧洲气价、电价和碳价在历经一段势如破竹的上涨行情之后，部分不锈钢生产商终难以抵抗高企的成本，决定将能源附加费这一项纳入定价体系。

2022 年 3 月，欧洲不锈钢生产商安普朗（Aperam）宣布，鉴于欧洲能源成本大幅抬升，公司自 3 月开启能源附加费定价模式，并表示能源附加费的构成要素包括电费、天然气成本以及碳排放额三个层面。计算方法为：能源附加费＝（月度指数－参考指数）×指数点，其中，月度指数为前 3 个月的平均值，参考指数为固定值100，参考期为2021年第三季度，1个指数点对应4.25欧元/吨。

欧洲地区持续暴露在能源危机的风口浪尖，新增能源附加费有利于不锈钢生产商缓解成本上升所带来的压力。同时，也推涨了欧洲不锈钢价格，使欧洲的下游加工企业在采购本土生产的不锈钢时面临更高昂的采购成本。不过，通过对比能源附加费与基价、合金附加费可以发现，能源附加费的量级不及后两者，其波动对不锈钢价格的影响或相对较小。

自测题

1. 镍与不锈钢的价格走势往往和经济周期的变动趋势（　　）。

A. 相似　　B. 相反

C. 不确定　　D. 无关

2. 影响镍价和不锈钢价格的因素可以通过（　　）进行作用传导。

A. 政府　　B. 产业链

C. 市场　　D. 价格

3. 不锈钢的成本结构中包括（　　）

A. 原材料成本　　B. 制造成本

C. 管理费用　　D. 以上都是

4. 在不锈钢原材料成本中，（　　）占据了较大比例。

A. 铬　　B. 镍

C. 铜　　D. 碳

5. 从价格相关性来看，由于镍的供需结构分化以及技术的升级，目前我国不锈钢价格与电解镍价格的相关性出现了（　　）。

A. 上升　　B. 增长

C. 下降　　D. 波动

6. 当前，我国不锈钢消费端存在（　　）等特点。

A. 规模大　　B. 领域多

C. 分布广　　D. 以上都是

7. 目前，我国不锈钢行业的供需增速已经进入了（　　）增长阶段。

A. 快速　　B. 温和

C. 负　　D. 高速

8. 在地区分布上，（　　）和（　　）是我国主要的不锈钢生产和消费地区。

A. 华东；华南　　B. 华西；华东

C. 华北；华西　　D. 华南；华东

9. 在不锈钢国际贸易格局当中，中国当前是不锈钢（　　）国家。

A. 紧平衡　　B. 净进口

C. 进出口平衡　　D. 净出口

10. 欧洲地区不锈钢价格定价体系不包括（　　）。

A. 合金附加费　　B. 基价

C. 能源附加费　　D. 副产品价格

参考答案

1. A　2. B　3. D　4. B　5. C　6. D　7. B　8. A
9. D　10. D

第九章

镍、不锈钢期货合约套期保值介绍

一、套期保值的基本原理是什么？

套期保值，又称避险、对冲等。广义上的套期保值是指企业在一个或一个以上的工具上进行交易，预期全部或部分对冲其生产经营中所面临的价格风险的方式。在该定义中，套期保值交易可选取的工具较好，主要有期货、期权、远期、互换等衍生工具，以及其他可能的非衍生工具。对于国内市场上镍、不锈钢等相关企业来说，利用期货工具在期货市场上进行相关商品的套期保值是十分常见的企业行为。

期货市场上的套期保值是指企业通过持有与现货市场头寸相反的期货合约，或将期货合约作为现货市场未来要进行的交易的替代物，以期对冲价格风险的方式。企业通过套期保值，可以有效降低价格风险对企业经营活动的影响，实现稳健经营。而套期保值的实现主要是存在以下两个基本经济学原理，一是价格平行性，二是价格收敛性。价格平行性是指期货价格和现货价格的变动方向相同，变动幅度也大致相同。而价格收敛性是指随着期货合约交割月份的逼近，期货价格收敛于现货价格，这一收敛是由期货市场上的套利行为决定的（见图 9－1、图 9－2、图 9－3、图 9－4）。

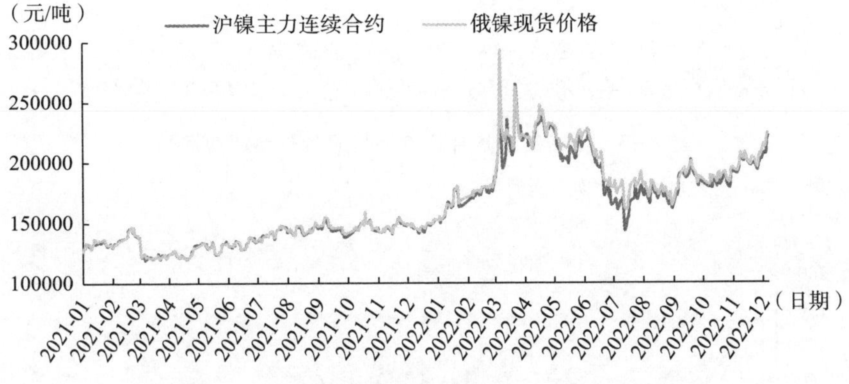

图 9－1　镍期货合约价格与现货价格的协同性

资料来源：上海有色网，国泰君安期货。

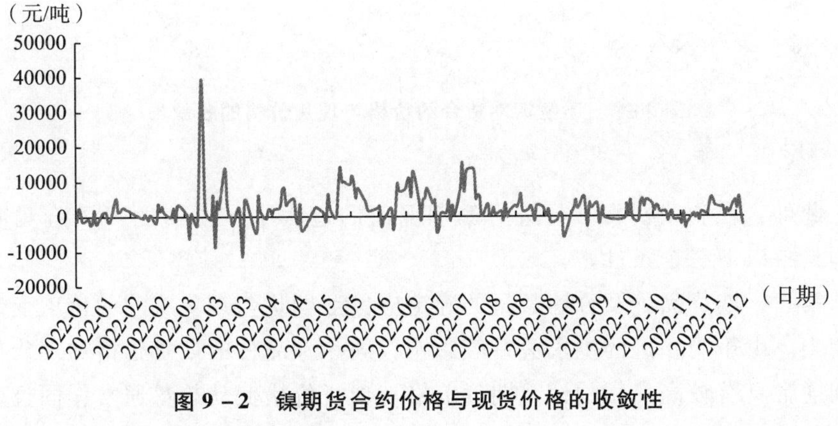

图 9－2　镍期货合约价格与现货价格的收敛性

资料来源：上海有色网，国泰君安期货。

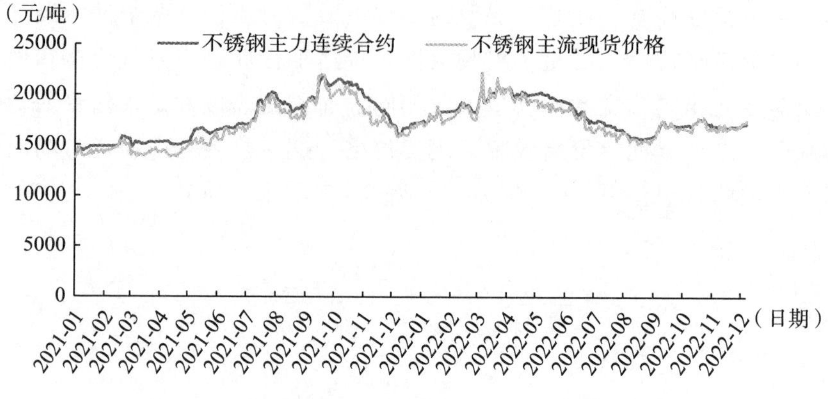

图 9－3　不锈钢期货合约价格与现货价格的协同性

资料来源：上海有色网，国泰君安期货。

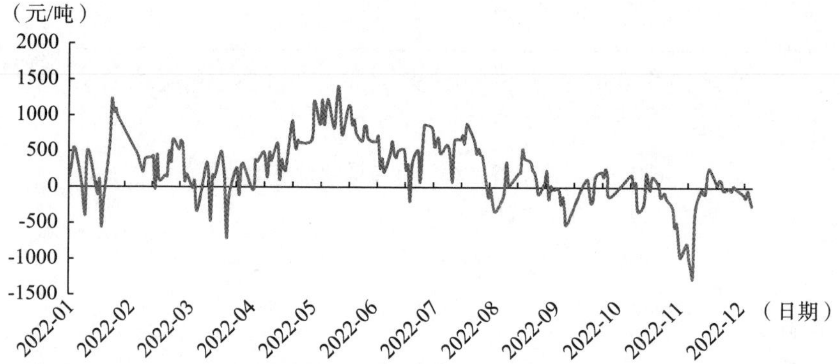

图 9－4　不锈钢期货合约价格与现货价格的收敛性

资料来源：上海有色网，国泰君安期货。

此外，在利用期货工具进行套期保值的过程中，要实现“风险对冲”，必须具备以下三个条件。

第一，期货品种及合约数量的确定应保证期货与现货头寸的价值变动大体相当。由于受相近的供求关系等影响，同一种品种的期货价格和现货价格之间通常具有较高的相关性，期货价格与现货价格变动趋势通常相同且变动幅度相近。

第二，期货头寸应与现货头寸相反，或作为现货市场未来要进行的交易的替代物。现货头寸可分为多头和空头两种情况。当企业持有实物商品或资产，或者已按固定价格约定在未来购买某商品或资产时，该企业处于现货的多头。例如，钢厂持有钢材库存或券商持有的股票组合，属于现货多头的情形。某建筑企业已与某钢材贸易商签订购买钢材的合同，确立了价格，但尚未实现交收的，建筑企业也属于现货的多头。当企业已按某固定价格约定在未来出售某商品或资产，但尚未持有实物商品或资产时，该企业处于现货的空头。例如，某钢材贸易商与某房地产商签订合同，约定在三个月后按某价格提供若干吨钢材，但手头尚未有钢材现货的，该钢材贸易商就是处于现货的空头。

第三，期货头寸持有的时间段要与现货市场承担风险的时间段对应起来。当企业不再面临现货价格波动风险时，应该将套期保值的期货头寸进行平仓，或者通过到期交割的方式同时将现货头寸和期货头寸进行了结。例如，某不锈钢贸易商持有一批不锈钢现货，并在期货市场进行卖空套期保值。一旦贸易商出售了这批钢材，便不再承担这批不锈钢价格变动的风险，此时贸易商应将手中期货空头头寸平仓。该贸易商也可以持有期货合约，到后期进行交割，以实物交割的方式将持有的钢材在期货市场卖出，同时了结现货和期货头寸。

具备以上三个条件，意味着期货市场盈亏与现货市场盈亏之间构成了冲抵关系，可以有效降低企业面临的价格风险，商品或资产价格波动对企业的生产经营活动的影响将会减小。例如，某精炼镍贸易商对所持有的精炼镍现货库存进行套期保值，在期货市场上卖出与其数量相当的镍期货合约。一段时间后，当镍的现货价格下跌时，现货头寸虽然亏损，但此时期货头寸盈利，两者冲抵，从而起到风险对冲的作用。如果镍的价格上涨，则期货头寸出现亏损，而现货头寸盈利，两者仍构成冲抵关系，同样起到风险对冲作用。

二、企业参与套期保值有何必要性?

期货市场最重要的功能为规避风险和价格发现，核心宗旨是服务现货企业和现货市场，服务实体经济。随着我国商品市场的日趋成熟和完善，参与商品期货市场的实体企业越来越多。熟练运用镍和不锈钢的期货工具，能够有效为生产和贸易企业的稳健运营保驾护航。总的来说，套期保值对实体企业有四个方面的作用。

（一）规避现货价格波动风险，保证企业利润

在市场经济条件下，商品的价格由市场供求决定，而价格无时无刻不在变化，商品价格向不利方向变化会对企业的生产经营和盈利造成不利的影响，尤其是在市场遭遇大规模系统性风险或是剧烈的供求矛盾时，价格会在短时间内发生剧烈波动从而对相关企业造成极大的不利影响。例如，2008年金融危机导致大宗商品价格短时间内出现大幅下跌，缺乏风险规避手段的企业遭遇了沉重打击，纷纷被迫退出市场。

对于生产端企业来说，一方面需要面临原材料价格波动的风险，另一方面需要面临产成品价格波动的风险。比如镍的某生产端企业遭遇了镍矿价格大幅上涨，而精炼镍、镍铁等产成品价格大幅下跌的情形，则企业的利润必然会受到影响。该企业如果利用商品期货进行套期保值，则可以锁定远期原料价格和产成品价格，规避该段时间内两者价格大幅波动的风险。

企业锁定远期利润可能会导致在未来产品利润上升时失去扩大盈利的机会，但对于成熟的企业来说，稳健经营永远是第一位的，与其在市场随波逐流，放任自身利润大起大落，还不如提前锁定未来长时间的稳定利润。因此，套期保值实际起到了平滑企业利润曲线的作用，如图 9-5 所示。

（二）合理安排生产计划，保障企业生产节奏

在企业实际生产的过程中，其生产节奏往往容易受到价格波动导致的利润变化的影响，以钢厂为例，在产品盈利时，钢厂能够保证稳定连续生产，而当产品出现大幅亏损时，企业往往需要调整生产节奏，减少产量，避免更大幅度的亏损，而这种利润的波动往往没有可预见性，企业总是被动跟随市场价格变化进行生产节奏的调整，缺乏效率。而企业如果选择在期货市场进行套期保值操作，锁定未来的原料和产成品价格，进而锁定远期利润，把现货市场价格波动对企业的影响降至最低，企业就可以从容地安排生产和检修

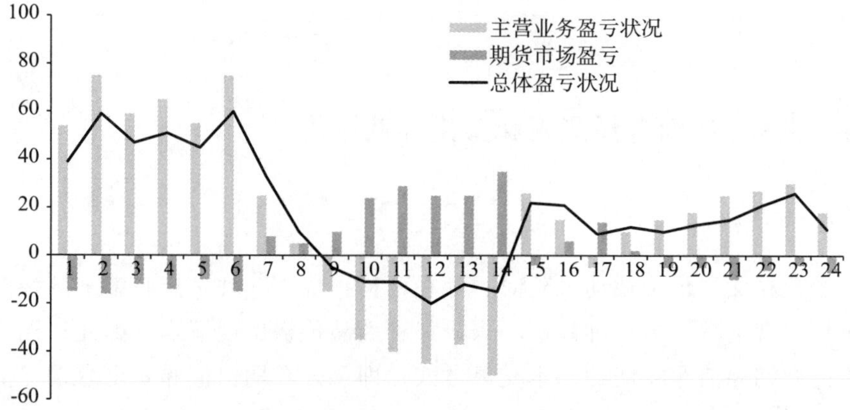

图 9-5　某生产企业主营业务盈亏与期货市场盈亏关系

资料来源：Wind，国泰君安期货。

计划，保障企业的稳健可持续运营。

（三）减少资金占用，提高资金使用效率

期货市场一般为杠杆交易，在期货市场进行套期保值对冲时，往往只需要少量的保证金（一般为10%左右），就可以大大提高资金使用的效率。例如，企业担心未来原材料价格上涨，需要对原材料进行补库，可以在期货市场采取原料品种买入的保值操作。企业只使用了10%左右的资金，就实现了规避原料未来价格上涨的风险。

（四）期货实物交割，拓宽采购和销售渠道

为实现服务实体经济的宗旨，我国商品期货均采用实物交割制度，给予了参与期货市场的实体企业非常大的便利，扩宽了企业采购和销售的渠道。例如，在某些时段原材料供应紧张，采购困难，企业可以通过在期货市场买入原材料并最终参与交割的方式，实现对原材料实物的买入，从而解决现货市场购买困难的问题。同样，在市场较为低迷，产成品销售遇到困难的时候，企业可能会出现库存堆积的情况，占用流动资金，此时可以在期货市场卖出保值并最终参与交割，在期货市场上完成对现货的销售。

三、如何选择买入和卖出套期保值？

企业在面临价格波动风险时，存在两种担忧，一种是担心未来某种商品的价格出现上涨，另一种是担心未来某种商品价格出现下跌。因此，期货市场上的套期保值存在两种基本交易方式，即买入套期保值和卖出套期保值。

买入套期保值又称多头套期保值，是指套期保值者先在期货市场买入与其将在现货市场上买入的现货商品数量相等、交割日期相同或相近的该商品期货合约，持有一定的多头头寸，一段时间后，在现货市场买入现货的同时卖出原先买进的期货合约平仓。

卖出套期保值又称空头套期保值，是指套期保值者先在期货市场卖出与其将在现货市场上卖出的现货商品数量相等、交割日期相同或相近的该商品期货合约，持有空头头寸，一段时间后，在现货市场卖出现货的同时买入原先卖出的期货合约平仓。

二者的区别在于目的不同，买入套期保值是防止一段时间后价格上涨带来的亏损风险，而卖出套期保值是防止日后因价格下跌而带来的亏损风险。因此，二者在适用对象和范围上也有所区别。

此外，同种商品的上下游企业在不同的阶段有着不同的套保策略，以镍和不锈钢产业链来说，分别处于生产端、贸易端和消费端的企业在不同阶段将选择不同模式的套期保值策略。

本章将通过具体案例来讲解产业链上下游不同企业的套期保值策略及实施过程。假设镍上游市场的某精炼镍冶炼企业与下游电镀企业签订了一份约500吨精炼镍的供销合同，双方约定一段时间后以市场价格交付。目前该精炼镍生产企业面临的主要风险敞口为供销合同作价日至订单交货期内，市场上镍价出现下行，交付时出现利润下滑或亏损。此时适合该生产企业的套期保值策略为卖出套期保值，在签订供销合同的同时，该企业可以在沪镍盘面卖出500手期货合约进行保值。假设该精炼镍生产企业在2022年5月20日签订供销合，同时在沪镍 2207 合约上卖出 500 手进行套期保值，后续在精炼镍实际销售时进行期货盘面的平仓。从表 9－1 的盈亏情况来看，在生产端企业面临销售价格下跌风险时，进行卖出套期保值操作可以有效降低实际亏损，将该企业可能面临的最大亏损 894 万元最终减少至 208.5 万元。

表 9－1　　　　卖出套期保值策略

期货端		现货端	
建仓价格（元/吨）	204920	期初现货价格（元/吨）	215750
平仓价格（元/吨）	191210	累计销售均价（元/吨）	197870
期货合计盈亏（元/吨）	13710	现货合计盈亏（元/吨）	－17880
期货端盈利（万元）	13710×500＝685.5	现货端亏损（万元）	－17880×500＝－894
最终盈亏：－208.5 万元			

资料来源：同花顺 iFind，国泰君安期货。

假设甲企业是镍下游市场某一前驱体制造商，其产品主要为 811 三元前驱体，需要购买精炼镍豆作为原材料。因为利润受到成本端影响较大，则该企业面临的主要风险敞口为销售产品的订单作价日至订单交货周期内，原材料精炼镍价格出现上行，造成成本上升挤压利润。此时适合该企业的套期保值策略为买入套期保值，在接到订单时，甲企业可以在沪镍盘面进行买入套期保值。比如，该企业在 2022 年 5 月 20 日接到订单后折合镍需要 500 吨，则可以在沪镍 2207 合约上买入 500 手进行套期保值。在后续实际购买精炼镍现货时，可以在期货盘面上进行平仓。实际操作和最终盈亏情况如表 9－2 所示，从结果来看，虽然原材料的现货价格出现了上涨，但是通过期货市场买入套期保值的方式获得了正向收益，最终不仅保证了货源的正常采购，还获得了额外的利润。

综合来看，产业链上中下游企业的常见套期保值策略如表 9－3 所示，在企业身处不同地位和面临不同情况时，需要依据自身的情况，采取不同方式的套期保值手段来保障企业的稳健经营。

表 9-2　　买入套期保值策略

期货端		现货端	
建仓价格（元/吨）	205950	期初现货价格（元/吨）	216000
平仓价格（元/吨）	207500	累计销售均价（元/吨）	217000
期货合计盈亏（元/吨）	1550	现货合计盈亏（元/吨）	-1000
期货端盈利（万元）	1550×500=77.5	现货端亏损（万元）	-1000×500=-50
最终盈亏：27.5 万元			

资料来源：同花顺 iFind，国泰君安期货。

表 9-3　　产业链上中下游企业的不同套期保值策略选择

企业类型		标的	套保策略	备注
生产端	镍、不锈钢生产企业	预售产成品	卖出套保	针对未来产出的产成品，规避跌价风险
		产成品库存	卖出套保	针对现有产成品库存，规避跌价风险
贸易端	镍、不锈钢贸易商	预购商品	买入套保	预购入但尚未购入，未确定价格的长期协议供货，规避涨价风险
		商品库存	卖出套保	针对现有商品库存，规避跌价风险
消费端	加工企业、终端企业	预购原料	买入套保	预采购但尚未采购，未确定价格的长期协议供货，规避涨价风险
		加工利润	双向套保	买入原料，卖出产成品，锁定加工利润

资料来源：公开资料整理，国泰君安期货。

四、基差风险如何影响套期保值？

基差是指在某一特定的时间和地点，某种商品的现货价格与同种商品的某一特定期货合约价格间的价差。一般来说，在现货商品供应充足的情况下，期货价格高于现货价格，基差为负，此时市场为正向市场。而当现货商品出现供给短缺、供不应求的情况，现货的价格会高于期货价格，基差为正，此时市场为反向市场。基差为零时，意味着期货价格和现货价格一致，临近交割月份时常出现基差为零的情况。

基差风险是指基差本身波动所产生的风险，主要来源于以下三点：第一，套期保值交易时期的基差水平及未来收敛情况，交易时期的基差水平、变化趋势和平仓对冲的时间决定了套期保值的风险大小和盈亏状况。第二，影响持有成本的因素，持有成本的变化会引起基差的变化，持有成本包括储存成本、保险成本、资金成本和意外损坏等。第三，被套期保值的风险资产与期货合约标的资产的匹配关系，若是不匹配则会产生交叉套期保值，增加基差风险。以镍为例，若是在进行镍相关的套期保值活动时买入或卖出其他有色金属品种，则很难实现预期的套期保值效果（见表9－4）。

表9－4　　基差变化对套期保值的效果的影响

套保类型	基差变化	套保效果
卖出套保	基差不变	完全套保，两个市场盈亏刚好完全相抵
	基差走强	不完全套保，两个市场盈亏相抵后存在净盈利
	基差走弱	不完全套保，两个市场盈亏相抵后存在净亏损
买入套保	基差不变	完全套保，两个市场盈亏刚好完全相抵
	基差走强	不完全套保，两个市场盈亏相抵后存在净亏损
	基差走弱	不完全套保，两个市场盈亏相抵后存在净盈利

资料来源：公开资料整理，国泰君安期货。

在众多企业参与套期保值的过程中，基差一直是直接影响最终套期保值效果的重要因素。虽然从期货套期保值原理上讲现货价格与期货价格原则上具有趋势相同性且最终收敛，但是，在实际运行的过程中两者之间大多数情况下并非完全一致，即现货和期货价格间存在偏差。现货价格反映的是当下的市场价格，而期货往往代表了对于未来的预期价格，而预期价格形成的关键因素就是市场对于宏观走向、行业发展的判断。

五、如何优化套期保值策略？

（一）点价交易与套期保值相结合

基差交易是交易者用期货市场价格来固定现货交易价格，从而将出售价格的波动风险转移出去的一种套期保值策略。基差交易中，实际的现货交易价格等于期货价格加上预先约定的基差。往往在交易双方约定基差后，期货价格的选择就成为了考虑的重点，因此衍生出了新的交易方式——点价交易。点价交易分为买方点价交易和卖方点价交易两种交易方式，前者是由买方选定期货价格，而后者是由卖方确定期货价格。

本书通过具体案例来讲解点价交易与套期保值的综合运用，从而实现套期保值策略的优化。假设甲企业是精炼镍贸易商，当天囤积了一批精炼镍现货，并同时在期货市场上做了卖出套期保值，而乙企业是甲企业的下游客户，目前需要向甲企业购进一批精炼镍，但是又担心精炼镍价格一个月后会有所回落，所以乙企业不愿立刻确定价格。此时，甲企业提出采用点价交易的方式，双方约定基差为 -5000 元/吨，并且允许乙企业作为买方可以在一个月后的 30 天内选择具体的期货价格参与结算。一个月后，精炼镍期货价格出现了下跌，乙企业选择了其中一天的期货价格作为结算时采用的期货价格，并最终从甲企业手中购入了精炼镍。

表 9 -5 是此次买方点价交易中贸易商甲企业的账户变动，从盈亏情况看，虽然甲企业在现货市场有所损失，但是在期货市场获得了更高的收益，最终获得了利润。同时，乙企业也顺利低价购入了精炼镍现货。

其他商品品种的操作方式与上述镍的基本原理一致，本书以不锈钢为例来介绍卖方点价交易方式。假如目前市场上不锈钢需求旺盛，甲企业作为不锈钢市场的贸易商，认为不锈钢的价格未来还会持续上涨，因此暂不准备出售。乙企业作为不锈钢消费端企业，准备后续购入不锈钢现货补库存，因此

表 9－5　　　　　　　　　　卖方点价交易账户变动　　　　　　　　　　单位：元/吨

时间及盈亏	现货市场	期货市场	基差
当天	购入精炼镍现货价格 155000	卖出镍期货合约价格 165000	－10000
一个月后	卖出精炼镍现货价格 145000	平仓价格 150000（乙方选择）	－5000（约定）
盈亏	－10000	＋15000	
	15000－10000＝＋5000		

资料来源：同花顺 iFind，国泰君安期货。

当天做了买入套期保值，并和甲企业约定采用卖方点价交易方式，二者约定基差为－1000 元/吨，并允许作为卖方的甲企业在一个月后的 30 天内可选择具体的期货价格参与最终结算。一个月后，不锈钢期货价格上涨，达到了 22000 元/吨，甲企业认为价格已经到顶部了，于是通知乙企业进行最后结算。在这个过程中，乙企业的账户变动如表 9－6 所示，从账户盈亏情况看，乙企业通过卖方点价交易实现了持平保值，同时也获得了不锈钢货源。而甲企业因为不锈钢现货从 17000 元/吨涨到了 21000 元/吨，也获得了利润。

表 9－6　　　　　　　　　　卖方点价交易账户变动　　　　　　　　　　单位：元/吨

时间及盈亏	现货市场	期货市场	基差
当天	现货价格 17000	买进不锈钢期货价格 18000	－1000
一个月后	买入不锈钢价格 21000	平仓价格 22000（甲方选择）	－1000（约定）
盈亏	－4000	＋4000	—
	0		

资料来源：同花顺 iFind，国泰君安期货。

（二）行情研判是重中之重

在企业参与套期保值的过程中，对价格走势的研判至关重要。如果只是机械式地随意将年度的计划采购量和产量一次性地进行套期保值操作，缺乏效率，可能使最终的套期保值效果大打折扣。以镍为例，企业如果对后市看涨，应当主动减少镍的套期保值比例甚至不进行套保；企业如果对后市看跌，应当主动增加镍的套期保值比例；如果企业认为后市为震荡市，择时和择机就显得更加重要，在阶段性高点加大卖出套保比例，而在阶段性低点主动降低套保比例。对后市行情的准确研判能够优化套期保值策略，大大提高套期保值效率，在规避风险的同时，达到利润最大化的目的。

在实际操作中，企业还要根据对未来走势的判断，来确定保值的方向：

当价格处于上涨过程中，企业可以着重建立多单，少建立空单。对于原料可以考虑建立虚拟库存，在未来行情上涨过程中，企业不断平仓，以实现实际采购的低成本。

当价格处于看跌阶段时，企业可以着重建立空单，少建立多单，可以将库存保值的比例提高。在未来行情出现下跌时，企业在生产销售过程中可以不断平仓，以降低成本。

当方向不明时，企业从稳健经营的角度出发，对任何风险头寸都应尽力用期货头寸保值。核心是根据企业采购销售的具体模式，并结合对相应期货合约价差变动方向的判断，选择合适的时机，可灵活在近远月合约上分别建立买入和卖出头寸，待未来现货流定价完成的同时，逐一对应平仓。

六、套期保值还有哪些考量？

（一）风险评价及影响分析

1. 每日风险敞口评估。对于不锈钢企业来说，套期保值成功的关键在于配合镍或者不锈钢价格走势，以及对总体风险敞口的计算和控制。在保值过程中，同一时间买进保值和卖出保值划分并不一定是非常清晰的，可能出现企业同时持有买入和卖出保值头寸，这种的情况下，企业对总体风险的计算和控制显得非常重要，需要根据企业的承受能力将总体风险敞口控制在合理范围内。

企业套保部门的风控专员需要承担每日风险敞口计算和评估工作，风险敞口的计算公式如下：

当日风险敞口 = 前日风险敞口 + （当日定价的原料采购数量 + 当日期货多头保值数量） - （当日定价的销售数量 + 当日期货空头保值数量）

2. 基差对套保的影响。期现基差的波动，将使期货和现货的上涨和下跌幅度出现偏差，进而影响期货保值的效果。此外，由于套期保值的长期性和稳定性，一般会通过移仓来保有原先的头寸。在一般情况下，基差绝对值比较小，保值头寸不断移仓所付出的成本或者获得的收益也较小，此时基差对套期保值构不成大的影响。但是当基差出现异常的情况时，如当出现巨大的正值基差时，也就是近高远低的情况，卖期保值移仓成本会随着时间的增加而增加，而买期保值通过不断地移仓可以获得可观的展期收益；当出现巨大的负值基差时，也就是近低远高的情况，得到的情况恰恰相反。

（二）资金占用

期货市场实行保证金制度，对于现货企业来说，在期货市场上的套期保值需要占用企业的一部分资金。同时，若遇到极端行情时，为了保护套期保值的头寸，必须追加保证金以免套期保值策略失效。对于企业参与期货市场一定要做好企业财务及资金运作方面的管理，在设计套期保值方案时就要将公司的资金状况考虑其中，防患于未然。

套保资金的占用计算公式如下：

套期保值资金使用量 = （保值头寸总量 × 品种单价 × 保证金收取比例）/持仓比例

每个保值计划开始时，资金占用量最大，之后随着现货的采购或者产品的销售，期货等量保值头寸同时平仓，逐步释放出保证金；如果实盘保值，进行买进交割接货的操作，则另外需要交割货物的全额货款，这里没有计算在内，需根据保值过程中交割量和交割结算价来计算。

（三）套期保值的组织和制度建设规划

在进行套期保值操作时，拥有完备的组织结构和制度支持十分关键，可以在很大程度上决定套保的实际效果。

在组织结构中，各现货板块、财务部门以及期货组应密切配合。

各现货板块主要职责：（1）拟定保值计划；（2）以指令方式通知期货

板块进行保值操作；（3）根据采购量和消耗量/产量和消耗量/库存和消耗量通知套保执行组进行头寸增减；（4）对本板块的持仓量进行密切监视；（5）建立本板块的套期保值管理台账；（6）根据各自现货板块的数据结合套保执行的损益情况，分析现货和期货对冲后的效益。

期货策划团队职责：（1）汇总策划现货各板块的保值计划、编制综合保值头寸平衡表；（2）正确选择保值市场、合理分布头寸、分析基差结构并确定展期策略；（3）审核各现货板块的下单指令，并通知前台执行；（4）建立保值头寸台账，并向相关现货板块反馈该板块的头寸分布信息和价格情况，以及期货损益数据等；（5）负责现货各板块内或板块间的头寸对冲管理；（6）监控市场风险及整体风险，适时向现货板块提供风险警示，提供保值风险敞口意见和建议。

在建立了专业的套保团队后，公司必须制定完善的内控管理流程和制度，主要是针对资金管理、期货交易的风险管理。

1. 明确管理职能。即应由哪个部门管理，由哪个部门负责期货交易。建议由管理层指定的副总主管期货业务，由各现货板块兼职具体的期货交易操作，由期货组负责保值策略的制定和效果分析，指定专门的风控人员监控风险。

2. 制定年度套保方案。每年年初，管理层应根据当年既定的生产经营目标，制定当年总体的套保方案，并在每个月月初进行一定的修正，主要是确定当年或者当月大致的套保数量及利润目标。在制定总体的套保方案时，必须充分考虑当年或者当季可能会发生的风险因素，以便套保方案能够切实地在最大范围内防范风险，达到套期保值的目的。

3. 制定套期保值效果评估体系。在完成上述人员配置和基础制度建设后，还应制定套保方案的整体评估体系。评估内容应包括每次套保方案的执行情况、盈亏情况，以及对企业生产经营的影响情况。评估的目标包括：是否有利于防范企业生产经营中的风险，是否有利于促进企业的生产经营情况，是否对企业的现金流造成影响等，以评估此次套保是否属于有效套保。考核的团队应由管理层和财务人员组成。还应该在每月、每季和每年进行评估，同时每次评估之后，应该吸取经验教训并总结到下次的套期保值方案中。

4. 制定严格的交易流程和风控制度。主要是指制定日常业务管理工作流程，及时记录套期保值业务，跟相关方面保持沟通，在发现风险后及时处理。公司除了制定制度以外，最好能够提供一些日常沟通和交流的平台，既便于保密，又可以让相关部门及时了解情况，防范风险。

5. 制定日报、周报、月报、季报和年报报告制度。相关的报告至少要发送至管理层（包括董事长、总经理和相关的副总等）、风控专员、采购部、销售部和财务部等相关人员，报告的内容包括当日现货和期货价格及成交情况，如能包括当日其他原材料及上下游产品的价格情况更好。日报为每日发送，周报每周一发送，月报、季报和年报为相关月份的第一个工作日发送。

6. 编制期货交易指令书。编制固定格式的期货交易指令书，对每笔期货交易进行详细记录，发送对象与日报发送对象相同。

（四）套期保值的目标、评价及考核

1. 要结合期货和现货市场效果进行评价。企业参与期货市场是为了稳定经营，有效的套期保值是衍生金融工具发生的盈亏与其相应的基础资产的价值变化形成对冲，从而降低总价值的波动。使用衍生金融工具作为判断盈亏的唯一标准的企业是有偏见不合适的，应当将期货和现货两部分效益综合在一起进行考量，不能过度强调单个市场的盈亏状况。

2. 长短期目标结合。一方面，期货市场每一天都有交易和行情，因此可以对期货投资逐日计算其盈亏情况，作为风险管理的参照标准。期货市场的盯市有助于及时发现潜在的风险。另一方面，由于企业的生产经营需要在一段时间内完成，周期较长，企业在制定期货投资目标时需要考虑企业生产经营的周期情况，制定长期目标。

3. 市场评价法。即与该品种期货市场平均价格相比较，将本企业实际销售的现货价格的加权平均和期货市场的加权均价与同市场的现货与期货加权均价做比较，如果本企业的价格较市场平均水平具有优势，那么就可以认为套期保值是有效的。

（五）套期保值方案一般流程

套保方案在具体实施过程中，最重要的是套保制度建立和执行。此外，在信息交流方面，因为套保方案需要紧盯价格走势以及企业的定价模式，所以需要企业最新销售数据和采购信息。因此，在具体实施过程中，能否实现按照现货价格或者点价方式采购以及销售时能及时套保的关键，在于是否可以实现企业销售部、采购部和期货交易部三部门信息互联互通（见图9－6）。

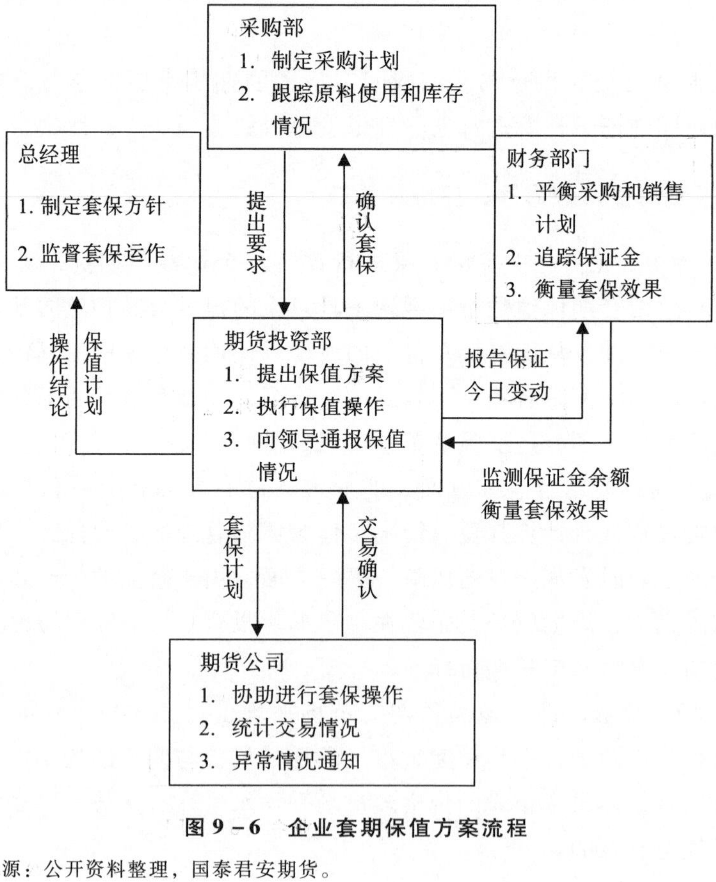

图9－6　企业套期保值方案流程

资料来源：公开资料整理，国泰君安期货。

自测题

1. 套期保值，又称（　　）等。

A. 避让　　B. 对冲

C. 保险　　D. 跨期

2. 广义上的套期保值是指企业在一个或一个以上的工具上进行交易，预期全部或部分对冲其生产经营中所面临的（　　）风险的方式。

A. 损毁　　B. 价格

C. 遗弃　　D. 质量

3. 套期保值是指企业通过持有与其现货市场头寸（　　）的期货合约，或将期货合约作为其现货市场未来要进行的交易的替代物，以期对冲价格风险的方式。

A. 相同　　B. 相似

C. 无关　　D. 相反

4. 套期保值背后的经济学原理，一是（　　），二是（　　）。

A. 价格平行性；价格收敛性　　B. 价格上涨；价格平行性

C. 价格下降；价格收敛性　　D. 价格不变；价格收敛性

5.（　　）是指期货价格和现货价格的变动方向相同，变动幅度也大致相同。

A. 价格波动　　B. 价格平行性

C. 价格反弹　　D. 价格收敛性

6.（　　）是指随着期货合约交割月份的逼近，期货价格收敛于现货价格。

A. 价格波动　　B. 价格平行性

C. 价格收敛性　　D. 价格反弹

7. 价格收敛性是由市场上的（　　）行为决定的。

A. 买入　　B. 卖出

C. 买卖　　D. 套利

8. 实现套期保值需要一些必备条件，比如要求期货头寸应与现货头寸（　　）。

A. 相反　　B. 相同

C. 一致　　D. 无关

9. 总的来说，套期保值对实体企业有（　　）的作用。

A. 规避现货价格波动风险，保证企业利润

B. 合理安排生产计划，保障企业生产节奏

C. 减少资金占用，提高资金使用效率

D. 以上都是

10. 一般来说，期货市场上的套期保值存在两种基本交易方式，即（　　）套期保值和（　　）套期保值。

A. 买入；卖出　　B. 远期；近期

C. 长期；短期　　D. 看涨；看跌

11. 买入套期保值又称多头套期保值，是指套期保值者先在期货市场（　　）与其将在现货市场上买入的现货商品数量相等、交割日期相同或相近的该商品期货合约。

A. 卖出　　B. 套利

C. 买入　　D. 买卖

12. 镍、不锈钢生产企业在预售产成品阶段，为了规避跌价风险可以选择（　　）套期保值。

A. 对冲　　B. 卖出

C. 买入　　D. 买卖

13. 处于镍、不锈钢消费端的加工企业在预购原料阶段，为了规避涨价风险可以选择（　　）套期保值。

A. 对冲　　B. 卖出

C. 买卖　　D. 买入

14. 基差是指某一特定的时间和地点，某种商品的（　　）价格与同种商品的某一特定（　　）合约价格间的价差。

A. 现货；期货　　B. 以往；当前

C. 远期；近期　　D. 高；低

15. 一般来说，基差为（　　），此时为正向市场。

A. 正　　B. 负

C. 零　　D. 一

16. 基差风险是指（　　）本身波动所产生的风险。

A. 价格　　B. 质量

C. 基差　　D. 产品

17. 对于卖出套保来说，当基差（　　），属于不完全套保，两个市场盈亏相抵后存在净盈利。

A. 走强　　B. 走弱

C. 不变　　D. 零

18. 基差交易中，实际的现货交易价格等于期货价格加上预先约定的（　　）。

A. 利润　　B. 基差

C. 价格　　D. 折扣

19. 点价交易分为（　　）点价交易和（　　）点价交易两种交易方式。

A. 买方；卖方　　B. 远期；近期

C. 单向；双向　　D. 买入；卖出

20. 从实际操作中可知，套期保值可以起到（　　）企业利润曲线的作用。

A. 平滑　　B. 缩短

C. 提升　　D. 降低

21. 期货市场一般为（　　）交易，所以在期货市场进行套期保值对冲时，往往只需要少量的保证金，这大大提高了资金使用的效率。

A. 短期　　B. 长期

C. T+0　　D. 杠杆

22. 当市场上精炼镍采购困难时，企业可以通过在期货市场（　　）精炼镍期货并最终参与交割的方式，实现对实物的买入。

A. 卖出　　B. 买入

C. 赎回　　D. 抵押

23. 若遇到极端行情时，为了保护套期保值的头寸，必须（　　）保证金。

A. 撤出　　B. 追加

C. 减少　　D. 放弃

24. 套期保值需要有（　　）的考量。

A. 风险评价及影响分析　　B. 资金占用

C. 套期保值的组织和制度建设规划　　D. 以上都是

25. 套期保值的目标、评价及考核涉及（　　）方面。

A. 两个市场效果进行评价　　B. 长短期目标

C. 市场评价　　D. 以上都是

参考答案

1. B	2. B	3. D	4. A	5. B	6. C	7. D	8. A
9. D	10. A	11. C	12. B	13. D	14. A	15. B	16. C
17. A	18. B	19. A	20. A	21. D	22. B	23. B	24. D
25. D							

第十章

镍、不锈钢期货合约的套利

一、套利交易是什么?

期货套利交易是指利用相关市场或者相关合约之间的价差变化，在相关市场或者相关合约上进行方向相反的交易，以期价差发生有利变化而获利的交易行为。套利策略与套期保值策略都是期货市场常见的两种交易策略，二者得到广泛的运用。套利策略与套期保值策略虽然都是利用期货工具进行交易，但二者还是有所区别（见表10－1）。整体来说，主要区别有如下四点。

第一，二者目的不同。套期保值是为了转移价格波动的风险而进行的操作，不以营利为主要目的，往往是用来帮助企业锁定成本或利润，从而达到稳健经营的目的。而套利交易是为了在承担较小风险的同时获取较为稳定的利润，其根本出发点就是为了在市场上获取收益。

第二，二者操作基础不同。采用套期保值的投资者一般是持有或者预计持有一定现货头寸，因而在期货市场上建立相反的期货头寸来管理现货风险。而期货套利者所持有的期货合约和现货都是套利交易的一部分，一般没有直接的现货交易需求。

第三，二者涉及的市场范围不同。进行套期保值时，必须同时涉及现货与期货两个市场，而期货套利者既可在期货市场和现货市场同时操作进行期现套利，也可以仅在期货市场上进行价差套利，甚至可以在境内外不同的期货市场上进行套利交易。就操作灵活性来看，套利策略比套期保值策略要灵活很多。

第四，二者获利原理不同。套期保值所依据的经济学原理是价格平行性与价格收敛性，即期货价格与现货价格走势相似，在临近交割时收敛。而套利策略获利来源是捕捉价格之间的非正常变化所产生的不合理偏差，这种不合理偏差越大则套利空间就越大。

表 10－1　　套期保值策略与套利策略的差异

主要区别	套期保值策略	套利策略
交易目的	转移价格波动风险	承担较小风险来获取价差利润
操作基础	具有现货交易需求	无现货交易需求限制
市场范围	必须同时涉及期货市场和现货市场	期货市场和现货市场可以不同时进行操作
获利原理	价格平行性与价格收敛性	不合理偏差

资料来源：国泰君安期货。

套利交易对期货市场的运行起到了重要作用，当出现不合理价差时，市场出现套利机会，套利参与者增加，促使各种价格回归正常水平区间，因此套利交易具有市场价格纠偏的作用。同时，套利交易增加了期货市场的交易量，可以有效提升市场的流动性，有利于投机交易或套期保值交易的顺利实现。

二、套利交易如何分类？

期货套利交易可以分为期现套利和价差套利，前者是指利用期货市场和现货市场之间的价差进行套利，后者是利用期货市场不同合约之间的价差进行套利。在进行套利交易时，套利者需要注意买卖方向对应、数量相等、合约相关性以及同时建仓和对冲等方面，从而更好地实现期货套利。

期现套利利用的是期货市场和现货市场的不合理价差，一旦期货与现货的价格差大于各项交割成本之和，则存在期现套利的机会。交割成本包括交割整理成本、运输成本、增值税、质检成本、入库成本与仓储费用等。这些费用的计算大都比较容易获得，某些费用的比例是固定的，而某些费用会受到其他外在因素的影响而产生变化。比如，在疫情防控收紧的背景下，国内外运输成本有所增加，会造成交割成本的上涨。

期现套利是指利用期货市场和现货市场上的价差低买高卖来进行套利。一般来说，当期货价格与现货价格的价差超过或低于交割成本时，则会出现套利机会。以镍产品为例，假设某年5月现货市场上镍价为180000元/吨，而8月沪镍合约为183000元/吨，此时处于远期升水的正向市场。某镍贸易商计算当前持仓费和交割成本等费用合计2400元/吨，并判断此时存在套利空间。于是，贸易商在5月购入了10吨镍板现货，并同时卖掉了10手8月份沪镍期货合约，成交均价为183000元/吨。待到交割时，该贸易商选择实物交割，在此过程中，贸易商的交仓收入为183000－180000＝3000元/吨，实际交仓收益为3000－2400＝600元/吨。

总的来说，为了更好地把握期现套利的机会，期货套利交易者不仅需要关注期货价格、现货价格以及交割成本项之和的大小关系，还需要注意引起三者价格变动的影响因素，从而更好地捕捉期货市场与现货市场之间的不合理价差。

价差套利进一步可以分为跨期套利、跨市场套利和跨品种套利。

第一，跨期套利是指在同一市场同时买入、卖出同种商品不同交割月份的期货合约，以期在有利时机同时将这两个交割月份不同的合约对冲平仓获利。具体操作中，跨期套利又分为牛市套利、熊市套利和蝶式套利。此外，对于跨期套利者而言，商品市场的一般预期是：近期月份比远期月份具有更大的价格波动性。

第二，跨市套利是指在某个交易所买入（或卖出）某一交割月份的某种商品合约，同时在另一个交易所卖出（或买入）同一个交割月份的同种商品合约，其中内外套利是跨市套利的一种常见模式，即在境内外不同交易市场上的套利。

第三，跨品种套利是指利用两种不同但又互相关联的商品之间期货价格的差异进行套利。实现跨品种套利需要具备三个基本条件，一是两种商品之间应该具有关联性和相互替代性；二是交易受同一因素制约；三是买进或卖出的期货合约通常应该在相同的交割月份。

三、牛市、熊市和蝶式套利有什么案例？

牛市套利，即市场行情处于牛市时的套利策略。在牛市行情中，一般来说，在近端市场资源偏紧或者远期供应放量等情况下，近期合约的价格比远期合约价格上涨幅度更大或者下跌幅度较远期更小。因此，买入近期月份合约的同时卖出远期月份合约进行套利交易是最为恰当的，当价差继续扩大时获利，当价差缩小时则亏损。我们以镍期货合约为例进行具体操作，假设某套利者预计短期镍的需求增加会导致资源偏紧，市场或迎来牛市行情，某期货套利者在2022年3月14日以190000元/吨买入了1手沪镍2204合约，同时以188000元/吨卖出了1手沪镍2205合约，此时价差为2000元/吨。当持仓至2022年3月28日时，该套利者决定平仓，以195000元/吨卖出了1手沪镍2204合约，同时以191000元/吨买入了1手沪镍2205合约。在这个过程中，该套利者在4月份合约上获利5000元，在5月份合约上亏损3000元，最终净获利2000元，操作过程如表10－2所示。

熊市套利，即市场处于熊市时可以获利的套利策略，近期月份合约的价格下跌幅度要大于远期月份合约价格，而上涨幅度要小于远期月份合约上涨幅度。此时，无论是正向市场还是反向市场，卖出近期月份合约的同时买入远期月份合约进行套利交易是较为恰当的。以不锈钢期货合约为例，2020年受疫情影响，国内复工复产缓慢，不锈钢下游需求急速下滑，此时不锈钢市场行情处于熊市。假设某期货套利者在1月14日卖出2手2月份不锈钢

表 10－2　　牛市套利账户变动

2022 年 3 月 14 日	买入 1 手 4 月沪镍期货合约 190000 元/吨	卖出 1 手 5 月沪镍期货合约 188000 元/吨	价差 2000 元/吨
2022 年 3 月 28 日	卖出 1 手 4 月沪镍期货合约 195000 元/吨	买入 1 手 5 月沪镍期货合约 191000 元/吨	价差 4000 元/吨
套利结果	获利 5000 元/吨	亏损 3000 元/吨	
净获利	2000 元		

资料来源：国泰君安期货。

期货合约，价格为 14122 元/吨，同时买入 2 手 5 月份不锈钢合约，价格为 13950 元/吨。当持仓至 2 月 3 日时，该套利者买入了 2 手 2 月份不锈钢期货合约进行平仓，价格为 12927 元/吨，同时卖出了 2 手 5 月份不锈钢期货合约平仓，均价 13125 元/吨。整个过程中，该套利者在 2 月份合约上获利 11950 元，在 5 月份合约上亏损 8250 元，最终获利 3700 元，具体操作过程如表 10－3 所示。

表 10－3　　熊市套利账户变动

2020 年 1 月 14 日	卖出 2 手 2 月不锈钢期货合约 14122 元/吨	买入 2 手 5 月不锈钢期货合约 13950 元/吨	价差 172 元/吨
2020 年 2 月 3 日	买入 2 手 2 月不锈钢期货合约 12927 元/吨	卖出 2 手 5 月不锈钢期货合约 13125 元/吨	价差－198 元/吨
套利结果	(14122－12927) ×2×5 ＝11950 元	(13125－13950) ×2×5 ＝－8250 元	
净获利	3700 元		

资料来源：国泰君安期货。

蝶式套利是两个跨期套利的互补平衡组合，利用不同交割月份的价差进行套利交易，由两个方向相反、共享居中交割月份期货合约的跨期套利组成。采用蝶式套利的交易者认为，居中月份的合约价格与两边交割月份合约价格有所差异，具有套利机会。以镍期货合约为例，具体的蝶式套利案例见表 10－4。

表 10－4　　蝶式套利账户变动

2020 年 1 月 14 日	卖出 1 手 2 月不锈钢期货合约 14122 元/吨	买入 2 手 5 月不锈钢期货合约 13950 元/吨	卖出 1 手月不锈钢期货合约 13955 元/吨
2020 年 2 月 3 日	买入 1 手 2 月不锈钢期货合约 12927 元/吨	卖出 2 手 5 月不锈钢期货合约 13125 元/吨	买入 1 手 7 月不锈钢期货合约 13084 元/吨
套利结果	（14122－12927）×5＝5750 元	（13125－13950）×2×5＝－8250 元	（13955－13084）×5＝4355 元
净获利	5750＋4355－8250＝1855 元		

资料来源：国泰君安期货。

四、如何基于期限结构择时进行跨期套利？

跨期套利交易是建立在价差基础上的，合理价差是价差理性回归的重要因素。对于价差的变化，需要综合考虑近端和远端的基本面情况以及预期趋势变化。

对于跨期套利交易来说，基本面变动和期限结构演变是寻找套利机会的重要时点。以镍为例，基本面分析中涉及上中下游多个市场，不同市场的重大变化都将引起整个基本面情况发生改变。以镍上游为例，中国每年需要从国外进口大量的镍以满足国内需求，假设目前市场处于牛市行情，下游市场对镍的需求旺盛，而国际贸易运输突然受阻，则很可能导致国内近期镍的上游供应出现短缺，从而导致沪镍近月合约上涨并带动远期合约价格上涨。但预期远端基本面将有所改善，且国外镍矿供应充足，国际运输受阻的情况将很快得到解决。在此预期下，此时适合进行多头套利，即买入近期合约的同时卖出远期合约。

在基本面分析中，除了直接影响供求的因素之外，如季节因素、天气因素等也会间接影响大宗商品的供需。比如在季节性方面，大宗商品的周期性较强，产销的旺季与淡季有着不同的市场表现，从而影响需求预期的变动。

而在天气方面，以镍为例，当菲律宾主要矿区进入雨季后常常会影响镍的出货量，从而导致市场上镍的去库存加速或出现短缺等现象，进而影响镍的供应。

除了基本面分析之外，套利交易者也可以关注某些商品价格走势与技术指标，比如期限结构的形式与演变方向、多空资金的强弱等。比如从资金面来看，不同投资者对于同一商品期货合约价格预期是不一样的，这会造成预期价差的变化。

在期限结构方面，一般来说，市场上存在着Contango结构和Back结构。Contango结构表示现货的价格低于近月合约价格，而近月合约的价格低于远月合约的价格，从而形成近低远高的结构，如图10－1中曲线左侧所示。一般来说，当期货市场处于Contango结构时，市场处于熊市，商品供需上呈现供大于求的局面且价格处于底部位置，适合进行反向套利交易。

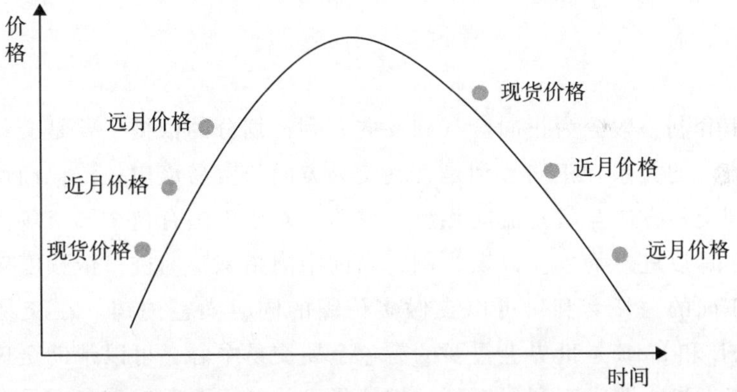

图10－1　Contango结构和Back结构示意

资料来源：国泰君安期货。

Back结构则是指现货的价格高于近月合约的价格，而近月合约的价格高于远月合约的价格，从而形成近高远低的结构，如图10－1中曲线右侧所示。当市场处于Back结构时，往往是牛市阶段，一般来说，商品是供不应求且价格高涨，适合进行正向套利交易。

在利用期限结构进行套利交易时，需要关注期限结构的演变和合约价格出现的异常情况。通常来说，当某一品种的价格居低位且期限结构开始由

Contango 结构向 Back 结构转变时，就意味着市场将由空头市场转向多头市场。至于异常情况的影响，期货投资者可以多留心交割时间和突发事件。比如临近交割月份和国内外近期突发事件对近月合约的影响往往会造成近月合约价格的异常波动，从而影响套利交易的结果。此外，在不同市场进行跨期套利时，需要注意不同市场的期限结构有可能存在差异，因为相同的品种可能在不同的市场上呈现出不同的期限结构。以镍为例，2022 年镍板资源紧俏，沪镍以镍板作为交割品，伦镍可交割资源包括镍板和镍豆，沪镍形成 Back 结构，但是镍豆由于经济性较差，消费端低迷，伦镍则形成 Contango 结构。

五、跨市套利机会有哪些影响因素？

跨市套利一般分为正向套利和反向套利，划分的依据主要是交易的方向与贸易流向的关系。正向套利是套利交易方向与贸易流向一致，而反向套利则是套利交易方向与贸易流向相反。目前，对于中国有色金属市场而言，多数产品还是以进口为主。以镍为例，当前中国精炼镍的进口依赖度较高，如果选择正向的内外套利，可以在做多伦镍的同时卖空沪镍。在交易所选择上，SHFE 和 LME 是世界上重要的有色金属交易中心，可以帮助全球广大的期货投资者进行跨市套利。而不锈钢期货目前并无合适的外盘交易，所以暂不考虑内外套利。

跨市套利的顺利实现，一般来说需要如下条件：其一，相同品种的期货合约在两个市场所对应的标的物应该相似且品质接近，从而方便准确分析出内外变动的影响与市场预期。从沪镍与伦镍的期货合约标的物来看，均为高纯度的电解镍。尽管截至 2022 年末，伦镍以镍豆和镍板作为交割品，而沪镍目前仅以镍板作为交割品，但电解镍的定价体系近似，基本满足跨期套利的基本条件。其二，价格走势具有高度相关性。因为价格可以反映出基本面的情况，因此可以较为直观地展现两市标准合约所属标的物的相关性。当价差不合理时，套利机会有可能促成价差的回归并使两市的价格趋同。所以，同品种期货合约的两市价格相关性是进行跨市套利的重要条件，一般选择的是价格相关性较高的品种，比如伦镍和沪镍，二者的价格走势高度相似（见表 10－5、图 10－2）。同时，其他条件还包括：两个市场的现货可跨境贸易等。

表 10－5　　伦镍与沪镍交割品品质的对比

	合约标的物
伦镍	符合：ASTM 规范 B39－79（2023）镍含量不低于 99.80%；或者符合 GB/T 规范 6516－2010 的 Ni9990 级
沪镍	标准品：电解镍，符合国标 GB/T 6516－2010Ni9996 规定，其中镍和钴的总含量不小于 99.96% 替代品：电解镍，符合国标 GB/T 6516－2010Ni9999 规定，其中镍和钴的总含量不小于 99.99%；或符合 ASTMB39－79（2013）规定，其中镍的含量不小于 99.8%

资料来源：SHFE，LME，国泰君安期货。

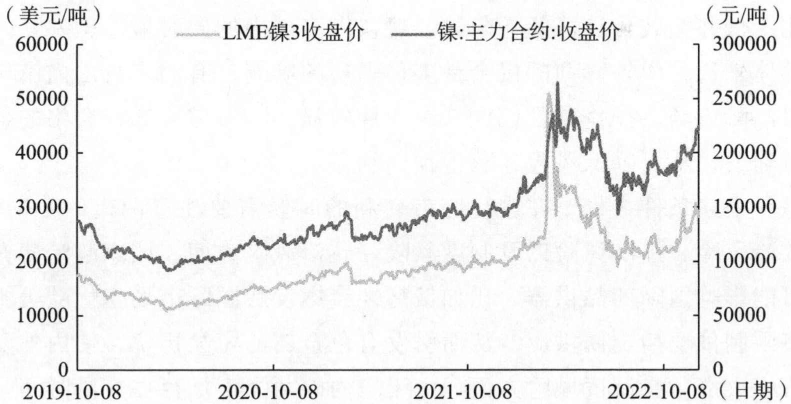

图 10－2　伦镍与沪镍的价格走势高度相似

资料来源：同花顺 iFind，国泰君安期货。

由于内外套利是在境内外两个不同的交易市场上进行跨市场套利交易，其套利机会与地缘政治、国际汇率、商品基本面以及关税政策等紧密相关。这些因素会影响预期价差的变化、套利空间的大小以及内外套利的方向。

从地缘政治来看，在全球相关市场产业链上下游占据重要位置的国家，都需要得到重点关注。以镍为例，俄罗斯作为重要的镍矿供应地，在俄乌冲突爆发后受到多国的制裁，市场对镍、钯、铂等金属供应的担忧增加，一度推动了相关金属期货价格的上涨。在商品基本面上，国内外供需格局、产业政策导向以及技术创新等信息对于寻找内外套利机会是十分关键的。以不锈钢期货的供需格局为例，假设目前国内复工复产较好、市场上不锈钢需求得到释放，而国外供给充裕，价格偏弱，此时选择内外反套是较为合适的，即做多国内不锈钢期货时做空国外不锈钢期货合约。在具体建仓时点的选择上，需要考虑汇率的变化，因为涉及进出口盈亏平衡线的计算以及资金使用成本。同时，关税政策的变化也将影响进出口的成本，从而导致内外供应格局发生改变。

从相关指标出发，可以通过某些重要的数据指标来观察捕捉套利机会。以镍为例，可以重点关注沪伦比和进口盈亏。沪伦比可以通过沪镍主力合约收盘价与伦镍早盘开盘价相比来简单计算，一般来说，当沪伦比过大时，表示国内价格偏高，此时应该在比值回落的时候做多国外做空国内。反之，当沪伦比走低并突破合理区间下限时，建议做多国内的同时做空国外。

整体来说，内外套利的机会受多种因素的影响，有的来自国内市场，有的来自国际市场，操作难度较大，专业性较强，一般需要选择合格的金融机构进行辅助，从而降低风险，获得预期利益。

除了上述条件之外，在进行跨市套利的时候需要注意两市的不同风险，比如政治风险、经济风险以及制度风险。政治风险方面，国家政治博弈的结果很可能影响国际商品供需，比如俄乌冲突爆发后国际市场担忧欧美主要交易所将限制俄罗斯金属供应，从而引发有色金属的短缺担忧，使内外盘有色金属价格大涨。在制度风险方面，由于境内外两个市场存在交易时间、交易费用、交易规则以及交割成本等方面的差异，使期货投资者必须时刻关注两个市场上的交易动向，增加了跨市套利的难度。

经济风险方面，两地或两国之间影响经济发展的因素较为复杂，比如对于货币政策和财政政策的态度、相关产业链上下游的产业政策以及重要的法律法规等。以镍和不锈钢为例，2021 年在大规模的刺激政策下，供需双增，镍和不锈钢需求旺盛，加上新能源汽车市场发展迅速，加大了对镍的需求。

中国国内经济的恢复，带动了沪镍和不锈钢期货价格的上涨。但是在上涨阶段，国外的高通胀在持续走高，加息预期开始不断升温，此时应警惕因重大货币政策带来的全球性经济风险，适当进行仓位的调整和策略的转变。

六、镍与不锈钢的跨品种套利策略是什么？

一般而言，跨品种套利交易分为相关商品套利和原料与成品间套利。相关商品套利策略可以发生在镍与其他有色金属之间，比如镍与铜、镍与铝等（见图 10－3）。

图 10－3　沪镍与沪铜主力合约价格波动

资料来源：Wind，国泰君安期货。

原料与成品间套利策略，关注的是产业链上下游利润传导。镍是生产不锈钢的重要原料，占据不锈钢大部分生产成本，二者属于紧密的上下游关系。在具体操作过程中，需要从分析基本面角度出发，对镍和不锈钢产业的供需、成本和利润等作出判断，从而决定交易方向和建仓数量，比如可以关注产业链上下游利润传导的情况，如果镍产业链下游市场上不锈钢厂的利润较大，则可以选择做空不锈钢做多镍。此外，在两个合约之间选择具体建仓数量时，可以采用等合约价值法和原料配比法进行建仓。

以等合约价值法为例，假设目前国内外镍供应充足而需求疲软，价格支撑较弱，此时下游不锈钢企业开始检修减产，则进一步降低了市场对镍需求的预期。套利交易者此时适合看多不锈钢而看空镍。具体做法上，可在期货市场上买入 3 手 10 月份不锈钢合约同时卖出 2 手 10 月份沪镍期货合约。如果采用原料配比法的话，则可以选择在期货市场上买入 5 手 10 月份不锈钢合约的同时卖出 2 手 10 月份沪镍期货合约。

需要注意的是，在利用原料配比法进行建仓时，需要考虑到期货合约标的物与现货实际原材料使用的差别。就不锈钢而言，在 2021 年之前大多不锈钢厂商生产制造时使用的都是镍板，而沪镍价格是锚定在镍板上的，所以二者价格相关性较好。但是自 2022 年开始，不锈钢厂商增加了镍铁的使用，使不锈钢价格与沪镍价格相关性有所降低，这意味着如果不考虑镍铁的干预而按照传统的原料配比法建仓则有可能导致套利交易失败（见图 10－4）。

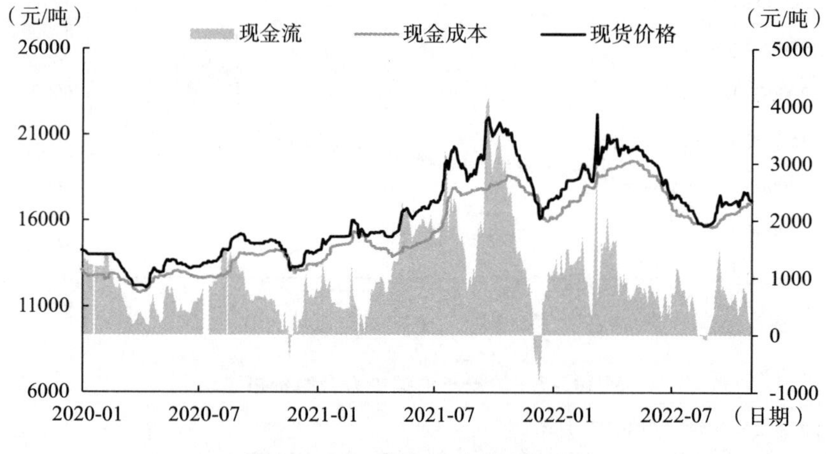

图 10－4　不锈钢生产现金利润

资料来源：Wind，国泰君安期货。

从沪镍与不锈钢的主力合约价格走势来看，二者在 2021 年之前十分相似，这是因为不锈钢的成本锚定在用于沪镍交割的镍板上，而 2022 年不锈钢的生产中镍铁使用较多，造成二者价格波动趋势出现了差异，相关性有所降低，增加了镍与不锈钢之间套利交易获利的难度（见表 10－6、图 10－5）。

表 10-6　　镍与不锈钢跨品种套利持仓数量关系

日期	等合约价值法 2 手镍对应 3 手不锈钢	原料配比法 2 手镍对应 5 手不锈钢	沪镍主力合约 （元/吨）	不锈钢主力合约 （元/吨）
2022-10-31	7.20	4.32	178900	16555
2022-10-28	7.23	4.34	182200	16800
2022-10-27	7.26	4.36	186960	17170
2022-10-26	7.17	4.30	189200	17580
2022-10-25	7.10	4.26	189160	17755
2022-10-24	7.14	4.28	187220	17485
2022-10-21	6.92	4.15	181400	17475
2022-10-20	7.09	4.25	188160	17705
2022-10-19	7.06	4.24	184310	17400
2022-10-18	6.99	4.19	180100	17180
2022-10-17	7.05	4.23	181810	17200

资料来源：同花顺 iFind，国泰君安期货。

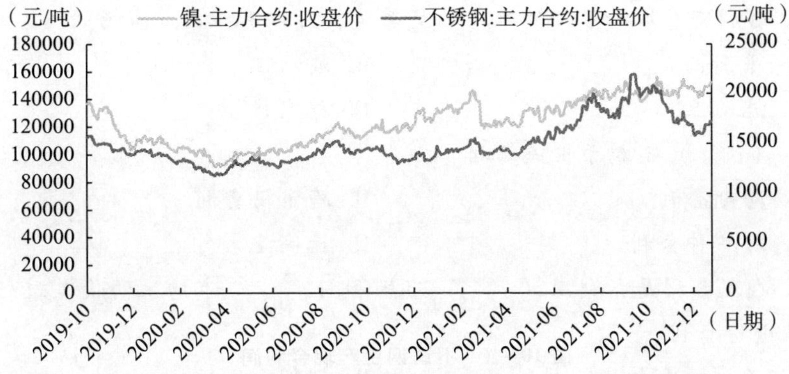

图 10-5　2019—2021 年沪镍与不锈钢主力合约价格趋势相似

资料来源：Wind，国泰君安期货。

此外，当镍和不锈钢价格走势背离后，跨品种策略不再关注于品种利润，而是结合基本面来寻找两者的超买或者超卖。

自测题

1. 期货套利是指利用相关市场或者相关合约之间的（ ）变化，在相关市场或者相关合约上进行交易方向（ ）的交易，以期在价差发生有利变化而获利的交易行为。

A. 价差；相同　　B. 价差；相反

C. 价格；相反　　D. 价格；相同

2. 期货套利交易可以分为两大类，一是（ ），二是（ ）。

A. 期现套利；价差套利　　B. 牛市套利；熊市套利

C. 跨市场套利；跨品种套利　　D. 跨期套利；期现套利

3. 期货套利可以促使价格回归正常水平区间，因此套利交易具有（ ）的作用。

A. 价格纠偏　　B. 保护市场

C. 维持价格　　D. 保护价格

4. 套利交易增加了期货市场的交易量，可以有效提升市场的（ ）。

A. 平衡性　　B. 波动性

C. 流动性　　D. 稳定性

5. （ ）不属于价差套利。

A. 跨期套利　　B. 跨市场套利

C. 跨品种套利　　D. 逢高空

6. 期现套利是指利用（ ）市场和（ ）市场上的价差进行低买高卖来进行套利。

A. 正向；反向　　B. 期货；现货

C. 上游；下游　　D. 国内；国外

7. 跨期套利是指在（ ）市场同时买入、卖出同种商品（ ）交割月份的期货合约，以期在有利时机同时将这两个交割月份不同的合约对冲平仓获利。

A. 同一；同一　　B. 不同；不同

C. 同一；不同　　D. 不同；同一

8. 对于跨期套利者而言，对商品市场的一般预期是：近期月份比远期月份具有更（　　）的价格波动性。

A. 小　　B. 低

C. 弱　　D. 大

9. 对于跨期套利中的牛市套利，一般选择是（　　）近期合约同时（　　）远期合约。

A. 买入；卖出　　B. 卖出；买入

C. 买入；买入　　D. 卖出；卖出

10. 对于跨期套利中的熊市套利，一般选择是（　　）近期合约同时（　　）远期合约。

A. 买入；卖出　　B. 卖出；买入

C. 买入；买入　　D. 卖出；卖出

11. 蝶式套利是两个跨期套利的互补平衡组合，利用不同交割月份的价差进行套利交易，由两个（　　）、（　　）交割月份期货合约的跨期套利组成。

A. 方向相反；共享居中　　B. 方向相同；共享居中

C. 方向相反；侧重两端　　D. 方向相同；侧重两端

12.（　　）套利是跨市套利的一种常见模式，指的是在境内外不同交易市场上的套利。

A. 正向　　B. 内外

C. 反向　　D. 正反

13. 当前全球有色金属交易中心可以进行镍的跨市套利交易的有（　　）。

A. SHFE　　B. LME

C. COMEX　　D. 以上都是

14. 跨品种套利是指利用两种（　　）但又互相（　　）的商品之间期货价格的差异进行套利。

A. 不同；关联　　B. 相同；关联

C. 不同；替代　　D. 相同；互补

15. 一般来说，套利交易分为（　　）套利和（　　）套利。

A. 相关商品；相同商品　　B. 相关商品；原料与成品间

C. 替代商品；互补商品　　D. 上游；下游

16. 通常来讲，要实现跨品种套利需要注意（　　）。

A. 两种商品之间应该具有关联性和相互替代性

B. 交易受同一因素制约

C. 买进或卖出的期货合约通常应该在相同的交割月份

D. 以上都是

17.（　　）不属于套利策略与套期保值策略的主要区别。

A. 交易目的不同　　B. 盈利大小不同

C. 涉及市场范围不同　　D. 操作基础条件不同

18. 套利策略获利来源是捕捉价格之间的非正常变化所产生的不合理偏差，这种不合理偏差越（　　）则套利空间也就越（　　）。

A. 大；大　　B. 大；小

C. 小；大　　D. 收敛；扩大

19. 对于镍与不锈钢之间的跨品种套利交易，一般是选择（　　）套利。

A. 替代商品　　B. 原料与成品间

C. 互补商品　　D. 相关商品

20. 在镍与不锈钢之间进行跨品种套利交易时，建仓阶段可以采取（　　）和（　　）来确定具体合约数量。

A. 等合约价值法；成本配比法　　B. 原料配比法；等利润法

C. 原料配比法；等成本法　　D. 等合约价值法；原料配比法

参考答案

1. B　2. A　3. A　4. C　5. D　6. B　7. C　8. D

9. A　10. B　11. A　12. B　13. D　14. A　15. B　16. D

17. B　18. A　19. B　20. D

后　记

本书是专为期货交易者编写的一本普及性读物，适合于镍以及不锈钢产业链企业和普通交易者阅读。

本书注意实用性、趣味性，以通俗易懂的语言、鲜明生动的案例将理论知识简单化，避免了理论知识阐述过程中的呆板僵硬。对镍、不锈钢产业链企业而言，本书具有指导实务操作的作用，书中包含了大量套期保值、套利、风险管理的应用型案例，对企业应用镍期货与不锈钢期货有一定借鉴意义。对于普通交易者而言，本书通过一问一答的形式，由浅入深地剖析了镍、不锈钢的基本面和技术面，有助于交易者快速了解镍、不锈钢市场。

与证券、债券等金融工具相比，期货作为风险管理工具，专业性强，杠杆率高，风险大，这在客观上要求交易者具备一定的专业投资知识、经济实力以及风险承受能力。“期市有风险，入市需谨慎！”

本书由于篇幅限制，无法尽述相关实体企业及交易者在期货市场上可能面临的所有具体情况，不管是实体企业还是普通交易者，参与期货市场，都务必结合自身需求，制定科学合理的交易策略。企业参与套期保值要避免变成投机，普通交易者要严格评估自身能力，尽可能地熟悉并掌握交易品种的市场特点及操作技巧，并严格控制交易规模，避免遭受不必要的损失。

作为《期货交易者教育系列丛书》之一，本书由中国期货业协会组织编写，国泰君安期货有限公司邵婉嬿、张再宇、莫骁雄承担了具体编写任务。上海期货交易所对本书书稿进行了审阅并提出了宝贵建议。

本书在编写过程中还得到了中国证监会期货司、上海期货交易所和国泰君安期货有限公司领导的指导和帮助，在此表示衷心的感谢！书中的错误之处，敬请批评指正。

中国期货业协会《期货交易者教育系列丛书》编委会

2024 年 1 月

书单
FUTURES

一、系列

序号	系列
（一）	期货交易者教育系列图书
（二）	金融衍生品系列丛书
（三）	中国期货业发展创新与风险管理研究
（四）	中国期货市场年鉴
（五）	“讲故事　学期货”金融国民教育丛书
（六）	全国期货从业人员资格考试参考用书
（七）	服务实体经济系列
（八）	期货投资者保护丛书
……	……

二、明细

（一）期货交易者教育系列图书

序号	书名	书号
1	铜期货	978-7-5223-0293-5
2	精对苯二甲酸（PTA）期货	978-7-5223-1405-1
3	玉米期货	978-7-5223-2467-8
4	铝	978-7-5095-3181-5
5	小麦	978-7-5095-3183-9
6	锌	978-7-5095-3190-7
7	线型低密度聚乙烯（LLDPE）	978-7-5095-3184-6
8	早籼稻	978-7-5095-3076-4

续表

序号	书名	书号
9	棉花期货	978-7-5223-2276-6
10	燃料油	978-7-5095-3034-4
11	菜籽油	978-7-5095-2025-3
12	聚氯乙烯	978-7-5095-2592-0
13	棕榈油	978-7-5095-2589-0
14	黄金	978-7-5095-2532-6
15	白糖期货	978-7-5095-8814-7
16	豆类期货	978-7-5095-8815-4
17	焦煤焦炭期货	978-7-5223-2286-5
18	乙二醇期货	978-7-5223-1645-1
19	铅	978-7-5095-4086-2
20	鸡蛋期货	978-7-5095-5803-4
21	铁矿石期货	978-7-5095-5809-6
22	纤维板、胶合板期货	978-7-5095-5810-2
23	石油沥青期货	978-7-5095-5816-4
24	菜籽系期货	978-7-5095-5743-3
25	白银期货	978-7-5095-5955-0
26	玻璃期货	978-7-5095-5697-9
27	动力煤期货	978-7-5095-5802-7
28	稻谷期货	978-7-5095-5826-3
29	原油期货（第二版）	978-7-5223-2342-8
30	苹果期货	978-7-5223-0455-7
31	花生期货	978-7-5223-0967-5
32	生猪期货	978-7-5223-0851-7
33	天然橡胶期货	978-7-5223-1184-5
34	钢材期货	978-7-5223-1175-3
35	甲醇期货	978-7-5223-1295-8
36	纸浆期货	978-7-5223-1277-4
37	纯碱期货	978-7-5223-2285-8
38	镍与不锈钢期货	978-7-5233-2488-3
……	……	……

（二）金融衍生品系列丛书

序号	书名	书号
1	股指期货（第二版）	978-7-5095-9432-2
2	场外衍生品（第二版）	978-7-5095-9596-1
3	国债期货（第二版）	978-7-5095-9601-2
4	金融期权（第二版）	978-7-5095-9598-5
5	外汇期货（第二版）	978-7-5095-9597-8
6	结构化产品（第二版）	978-7-5095-9600-5
7	金融衍生品习题集（第二版）	978-7-5095-9599-2

（三）中国期货业发展创新与风险管理研究

序号	书名	书号
1	中国期货业发展创新与风险管理研究（8）	978-7-5095-6907-8
2	中国期货业发展创新与风险管理研究（9）	978-7-5095-7523-9
3	中国期货业发展创新与风险管理研究（10）	978-7-5095-8144-5
4	中国期货业发展创新与风险管理研究（11）	978-7-5223-0213-3
5	中国期货业发展创新与风险管理研究（12）	978-7-5223-1483-9
6	中国期货业发展创新与风险管理研究（13）	978-7-5223-2215-5
……	……	……

（四）中国期货市场年鉴

序号	书名	书号
1	中国期货市场年鉴（2015年）	978-7-5095-6924-5
2	中国期货市场年鉴（2016年）	978-7-5095-7503-1
3	中国期货市场年鉴（2017年）	978-7-5095-8331-9
4	中国期货市场年鉴（2018年）	978-7-5095-9079-9
5	中国期货市场年鉴（2019年）	978-7-5095-9869-6
6	中国期货市场年鉴（2020年）	978-7-5223-0640-7
7	中国期货市场年鉴（2021年）	978-7-5223-1500-3
8	中国期货市场年鉴（2022年 中文版）	978-7-5223-2380-0
9	中国期货市场年鉴（2022年 英文版）	978-7-5223-2381-7
……	……	……

（五）“讲故事 学期货”金融国民教育丛书

序号	书名	书号
1	走进期货	978-7-5095-7095-1
2	如何进行期货交易	978-7-5095-7092-0
3	期货的套保和套利	978-7-5095-7093-7
4	期货交易中的“规矩”	978-7-5095-4355-9
5	金属期货	978-7-5095-7087-6
6	农产品期货	978-7-5095-7104-0
7	能化期货	978-7-5095-7088-3
8	金融期货	978-7-5095-7094-4
9	期权	978-7-5095-7217-7
10	场外衍生品	978-7-5095-7091-3

（六）全国期货从业人员资格考试参考用书

序号	书名	书号
1	期货及衍生品基础（第三版）	978-7-5223-1005-3
2	期货法律法规与职业道德	978-7-5223-0997-2
3	期货及衍生品分析与应用（第四版）	978-7-5223-0998-9

（七）服务实体经济系列

序号	书名	书号
1	期货行业主力复工复产案例集	978-7-5223-0168-6
2	期货服务实体经济案例集	978-7-5095-8029-5
……	……	……

（八）期货投资者保护丛书

序号	书名	书号
1	期海导航——期货投资常识与基础知识	978-7-5223-1045-9
2	期海护航——期货交易者合法权益保护	978-7-5223-1531-7

咨询电话：010-88190912

咨询邮箱：jiayanping@cfemg.cn